老科学家学术成长资料采集工程

中国工程院院士传记丛书

核动力道路上的垦荒牛

1925年 出生于广东海丰	**1951年** 奔赴苏联求学	**1958年** 归国潜心研究	**1970年** 潜艇核动力装置研制成功	**1983年** 核电站建设	**1994年** 入选中国工程院首批院士

老科学家学术成长资料采集工程
中国工程院院士传记丛书

核动力道路上的垦荒牛

彭士禄传

吕 娜◎著

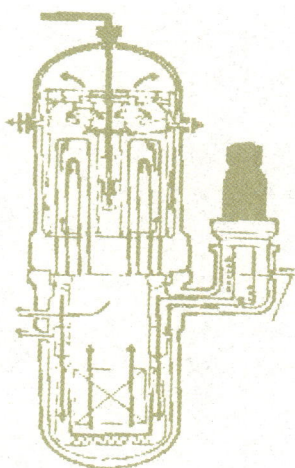

上海交通大学出版社
中国科学技术出版社

图书在版编目(CIP)数据

核动力道路上的垦荒牛:彭士禄传/吕娜著. —上海:上海
交通大学出版社,2013(2021 重印)

ISBN 978 - 7 - 313 - 10616 - 2

Ⅰ.①核… Ⅱ.①吕… Ⅲ.①彭士禄—传记
Ⅳ.①K826.16

中国版本图书馆 CIP 数据核字(2013)第 301680 号

出 版 人	韩建民 苏 青	
责任编辑	侯俊华 张 扬	
责任营销	陈 鑫	
版式设计	中文天地	

出 版	上海交通大学出版社 中国科学技术出版社
发 行	上海交通大学出版社
地 址	上海市番禺路 951 号
邮 编	200030
发行电话	021 - 64071208
传 真	021 - 64073126
网 址	http://www.jiaodapress.com.cn

开 本	787mm×1092mm 1/16
字 数	208 千字
印 张	14.25
彩 插	3
版 次	2013 年 12 月第 1 版
印 次	2021 年 12 月第 2 次印刷
印 刷	苏州市越洋印刷有限公司
书 号	ISBN 978 - 7 - 313 - 10616 - 2
定 价	52.00 元

老科学家学术成长资料采集工程
领导小组专家委员会

主　任：杜祥琬
委　员：（以姓氏拼音为序）
　　　　巴德年　　陈佳洱　　胡启恒　　李振声
　　　　王礼恒　　王春法　　张　勤

老科学家学术成长资料采集工程
丛书组织机构

特邀顾问（以姓氏拼音为序）
　　　　樊洪业　　方　新　　齐　让　　谢克昌

编 委 会
主　任：王春法　　张　藜
成　员：（以姓氏拼音为序）
　　　　艾素珍　　曹振全　　董庆九　　胡化凯　　韩建民
　　　　景晓东　　李虹鸣　　廖育群　　罗　晖　　吕瑞花
　　　　苏　青　　王康友　　王扬宗　　夏　强　　张柏春
　　　　张大庆　　张　剑　　张九辰　　周德进

编委会办公室
主　任：张　藜　　许向阳
副主任：许　慧　　张利洁　　刘佩英
成　员：（以姓氏拼音为序）
　　　　崔宇红　　冯　勤　　何继红　　何素兴　　李金涛
　　　　李俊卿　　李惠兴　　刘　洋　　罗兴波　　沈林苣
　　　　万红军　　王传超　　言　挺　　余　君　　张晓华
　　　　周　勇

老科学家学术成长资料采集工程简介

老科学家学术成长资料采集工程（以下简称"采集工程"）是根据国务院领导同志的指示精神，由国家科教领导小组于2010年正式启动，中国科协牵头，联合中组部、教育部、科技部、工信部、财政部、文化部、国资委、解放军总政治部、中国科学院、中国工程院、国家自然科学基金委员会等11部委共同实施的一项抢救性工程，旨在通过实物采集、口述访谈、录音录像等方法，把反映老科学家学术成长历程的关键事件、重要节点、师承关系等各方面的资料保存下来，为深入研究科技人才成长规律，宣传优秀科技人物提供第一手资料和原始素材。按照国务院批准的《老科学家学术成长资料采集工程实施方案》，采集工程一期拟完成300位老科学家学术成长资料的采集工作。

采集工程是一项开创性工作。为确保采集工作规范科学，启动之初即成立了由中国科协主要领导任组长、12个部委分管领导任成员的领导小组，负责采集工程的宏观指导和重要政策措施制定，同时成立领导小组专家委员会负责采集原则确定、采集名单审定和学术咨询，委托中国科学技术史学会承担具体组织和业务指导工作，建立专门的馆藏基地确保采集资料的永久性收藏和提供使用，并研究制定了《采集工作流程》、《采集工作规范》等一系列基础文件，作为采集人员的工作指南。截至2012年底，已启动247位老科学家的学术成长资料采集工作，获得手稿、书信等实物原件资料 21 496 件，数字化资料 72 310 件，视频资料 96 582 分钟，音频资料 104 289 分钟，具有重要的史料价值。

采集工程的成果目前主要有三种体现形式，一是建设一套系统的"老科学家学术成长资料数据库"（本丛书简称"采集工程数据库"），提供学术研究和弘扬科学精神、宣传科学家之用；二是编辑制作科学家专题资料片系列，以视频形式播出；三是研究撰写客观反映老科学家学术成长经历的研究报告，以学术传记的形式，与中国科学院、中国工程院联合出版。随着采集工程的不断拓展和深入，将有更多形式的采集成果问世，为社会公众了解老科学家的感人事迹，探索科技人才成长规律，研究中国科技事业的发展历程提供客观翔实的史料支撑。

总序一

中国科学技术协会主席　韩启德

　　老科学家是共和国建设的重要参与者，也是新中国科技发展历史的亲历者和见证者，他们的学术成长历程生动反映了近现代中国科技事业与科技教育的进展，本身就是新中国科技发展历史的重要组成部分。针对近年来老科学家相继辞世、学术成长资料大量散失的突出问题，中国科协于2009年向国务院提出抢救老科学家学术成长资料的建议，受到国务院领导同志的高度重视和充分肯定，并明确责成中国科协牵头，联合相关部门共同组织实施。根据国务院批复的《老科学家学术成长资料采集工程实施方案》，中国科协联合中组部、教育部、科技部、工业和信息化部、财政部、文化部、国资委、解放军总政治部、中国科学院、中国工程院、国家自然科学基金委员会等11部委共同组成领导小组，从2010年开始组织实施老科学家学术成长资料采集工程。

　　老科学家学术成长资料采集是一项系统工程，通过文献与口述资料的搜集和整理、录音录像、实物采集等形式，把反映老科学家求学历程、师承关系、科研活动、学术成就等学术成长中关键节点和重要事件的口述资料、实物资料和音像资料完整系统地保存下来，对于充实新中国科技发展的历史文献，理清我国科技界学术传承脉络，探索我国科技发展规律和科技人才成长规律，弘扬我国科技工作者求真务实、无私奉献的精神，在全社会营造爱科学、学科学、用科学的良好氛围，是一件很有意义的事情。采集工程把重点放在年龄在 80 岁以上、学术成长经历丰富的两院院士，以及虽然不是两院院士、但在我国科技事业发展中作出突出贡献的老科技工作者，充分体现了党和国家对老科学家的关心和爱护。

自 2010 年启动实施以来，采集工程以对历史负责、对国家负责、对科技事业负责的精神，开展了一系列工作，获得大量反映老科学家学术成长历程的文字资料、实物资料和音视频资料，其中有一些资料具有很高的史料价值和学术价值，弥足珍贵。

以传记丛书的形式把采集工程的成果展现给社会公众，是采集工程的目标之一，也是社会各界的共同期待。在我看来，这些传记丛书大都是在充分挖掘档案和书信等各种文献资料、与口述访谈相互印证校核、严密考证的基础之上形成的，内中还有许多很有价值的照片、手稿影印件等珍贵图片，基本做到了图文并茂，语言生动，既体现了历史的鲜活，又立体化地刻画了人物，较好地实现了真实性、专业性、可读性的有机统一。通过这套传记丛书，学者能够获得更加丰富扎实的文献依据，公众能够更加系统深入地了解老一辈科学家的成就、贡献、经历和品格，青少年可以更真实地了解科学家、了解科技活动，进而充分激发对科学家职业的浓厚兴趣。

借此机会，向所有接受采集的老科学家及其亲属朋友，向参与采集工程的工作人员和单位，表示衷心感谢。真诚希望这套丛书能够得到学术界的认可和读者的喜爱，希望采集工程能够得到更广泛的关注和支持。我期待并相信，随着时间的流逝，采集工程的成果将以更加丰富多样的形式呈现给社会公众，采集工程的意义也将越来越彰显于天下。

是为序。

总序二

中国科学院院长　白春礼

　　由国家科教领导小组直接启动，中国科学技术协会和中国科学院等12个部门和单位共同组织实施的老科学家学术成长资料采集工程，是国务院交办的一项重要任务，也是中国科技界的一件大事。值此采集工程传记丛书出版之际，我向采集工程的顺利实施表示热烈祝贺，向参与采集工程的老科学家和工作人员表示衷心感谢！

　　按照国务院批准实施的《老科学家学术成长资料采集工程实施方案》，开展这一工作的主要目的就是要通过录音录像、实物采集等多种方式，把反映老科学家学术成长历史的重要资料保存下来，丰富新中国科技发展的历史资料，推动形成新中国的学术传统，激发科技工作者的创新热情和创造活力，在全社会营造爱科学、学科学、用科学的良好氛围。通过实施采集工程，系统搜集、整理反映这些老科学家学术成长历程的关键事件、重要节点、学术传承关系等的各类文献、实物和音视频资料，并结合不同时期的社会发展和国际相关学科领域的发展背景加以梳理和研究，不仅有利于深入了解新中国科学发展的进程特别是老科学家所在学科的发展脉络，而且有利于发现老科学家成长成才中的关键人物、关键事件、关键因素，探索和把握高层次人才培养规律和创新人才成长规律，更有利于理清我国科技界学术传承脉络，深入了解我国科学传统的形成过程，在全社会范围内宣传弘扬老科学家的科学思想、卓越贡献和高尚品质，推动社会主义科学文化和创新文化建设。从这个意义上说，采集工程不仅是一项文化工程，更是一项严肃认真的学术建设工作。

中国科学院是科技事业的国家队，也是凝聚和团结广大院士的大家庭。早在1955年，中国科学院选举产生了第一批学部委员，1993年国务院决定中国科学院学部委员改称中国科学院院士。半个多世纪以来，从学部委员到院士，经历了一个艰难的制度化进程，在我国科学事业发展史上书写了浓墨重彩的一笔。在目前已接受采集的老科学家中，有很大一部分即是上个世纪80、90年代当选的中国科学院学部委员、院士，其中既有学科领域的奠基人和开拓者，也有作出过重大科学成就的著名科学家，更有毕生在专门学科领域默默耕耘的一流学者。作为声誉卓著的学术带头人，他们以发展科技、服务国家、造福人民为己任，求真务实、开拓创新，为我国经济建设、社会发展、科技进步和国家安全作出了重要贡献；作为杰出的科学教育家，他们着力培养、大力提携青年人才，在弘扬科学精神、倡树科学理念方面书写了可歌可泣的光辉篇章。他们的学术成就和成长经历既是新中国科技发展的一个缩影，也是国家和社会的宝贵财富。通过采集工程为老科学家树碑立传，不仅对老科学家们的成就和贡献是一份肯定和安慰，也使我们多年的夙愿得偿！

鲁迅说过，"跨过那站着的前人"。过去的辉煌历史是老一辈科学家铸就的，新的历史篇章需要我们来谱写。衷心希望广大科技工作者能够通过"采集工程"的这套老科学家传记丛书和院士丛书等类似著作，深入具体地了解和学习老一辈科学家学术成长历程中的感人事迹和优秀品质；继承和弘扬老一辈科学家求真务实、勇于创新的科学精神，不畏艰险、勇攀高峰的探索精神，团结协作、淡泊名利的团队精神，报效祖国、服务社会的奉献精神，在推动科技发展和创新型国家建设的广阔道路上取得更辉煌的成绩。

总序三

中国工程院院长　周　济

　　由中国科协联合相关部门共同组织实施的老科学家学术成长资料采集工程，是一项经国务院批准开展的弘扬老一辈科技专家崇高精神、加强科学道德建设的重要工作，也是我国科技界的共同责任。中国工程院作为采集工程领导小组的成员单位，能够直接参与此项工作，深感责任重大、意义非凡。

　　在新的历史时期，科学技术作为第一生产力，已经日益成为经济社会发展的主要驱动力。科技工作者作为先进生产力的开拓者和先进文化的传播者，在推动科学技术进步和科技事业发展方面发挥着关键的决定的作用。

　　新中国成立以来，特别是改革开放30多年来，我们国家的工程科技取得了伟大的历史性成就，为祖国的现代化事业作出了巨大的历史性贡献。两弹一星、三峡工程、高速铁路、载人航天、杂交水稻、载人深潜、超级计算机……一项项重大工程为社会主义事业的蓬勃发展和祖国富强书写了浓墨重彩的篇章。

　　这些伟大的重大工程成就，凝聚和倾注了以钱学森、朱光亚、周光召、侯祥麟、袁隆平等为代表的一代又一代科技专家们的心血和智慧。他们克服重重困难，攻克无数技术难关，潜心开展科技研究，致力推动创新发展，为实现我国工程科技水平大幅提升和国家综合实力显著增强作出了杰出贡献。他们热爱祖国，忠于人民，自觉把个人事业融入到国家建设大局之中，为实现国家富强而不断奋斗；他们求真务实，勇于创新，用科技为中华民族的伟大复兴铸就了辉煌；他们治学严谨，鞠躬尽瘁，具有崇高的科学精神和科学道德，是我们后代学习的楷模。科学家们的一生是一本珍贵的教科书，他们坚定的理想信念和淡泊名利的崇高品格是中华民族自强不息精神的宝贵财富，永远值得后人铭记和敬仰。

通过实施采集工程，把反映老科学家学术成长经历的重要文字资料、实物资料和音像资料保存下来，把他们卓越的技术成就和可贵的精神品质记录下来，并编辑出版他们的学术传记，对于进一步宣传他们为我国科技发展和民族进步作出的不朽功勋，引导青年科技工作者学习继承他们的可贵精神和优秀品质，不断攀登世界科技高峰，推动在全社会弘扬科学精神，营造爱科学、讲科学、学科学、用科学的良好氛围，无疑有着十分重要的意义。

中国工程院是我国工程科技界的最高荣誉性、咨询性学术机构，集中了一大批成就卓著、德高望重的老科技专家。以各种形式把他们的学术成长经历留存下来，为后人提供启迪，为社会提供借鉴，为共和国的科技发展留下一份珍贵资料。这是我们的愿望和责任，也是科技界和全社会的共同期待。

周济

序^①

一生已过了 71 个年头,留苏回国后与核动力打交道也有 40 个年头了。
几点感述如下:

其一,一家与百家。我 3 岁时母亲牺牲,4 岁时父亲就义。奶妈背着我
东躲西藏。不久,我被转移到潮州一带,开始过着"百家姓"的生活。我有 20
多个"爸妈",他们都是贫苦善良的农民,对我特别厚爱。平时他们吃不饱,
我吃得饱;逢年过节难得有点鱼肉,我吃肉,他们啃骨头。最后,我住在红军
哥哥陈永俊家,我叫他母亲"姑妈",还有姐姐,我们三个相依为命,过着贫寒
生活。1933 年农历 7 月 16 日晨,由于叛徒出卖,我和姑妈被捕,8 岁的我成
了小囚犯,被关进潮安县监狱女牢房。在女牢里,我又见到曾经抚养过我的
"山顶阿妈",她是先被捕的。真有幸,竟有两位妈妈护着我坐牢,生怕我受
饥寒。姑妈是那么善良,忍受着残酷审讯的痛苦,宁把牢底坐穿,也不供认
我是彭湃的儿子。多么伟大的母性啊!男女牢房几百位难友见我衣衫破

---

① 摘自《中国工程院院士自述》,1996 年。2012 年初,彭士禄院士因病入院接受治疗,在本书撰写过
程中一直想等彭老身体好些,方便的时候能够帮助采集小组写序,哪怕短短几行字也足以。但
是,彭老年事已高,已不能够支撑写字,写序的事情也只好作罢。经与彭老的女儿彭洁沟通,查阅
了彭老所有的手迹,都认为彭老 1996 年在《中国工程院院士自述》一书中的自述文字是对彭老生
活、工作、学习和做人态度最好的诠释。所以,决定用这篇自述文字作为序。

烂,共同凑钱给我做了一套新衣裳,我穿上了"百家衣"。几个月后,我哭别了两位母亲,被单独押至汕头石炮台监狱,后又转押到广州感化院监狱受"感化"一年。这下可真苦了我,差点病死在狱中。坐了两年多牢,算是没有"造反",属"不规良民",被放了出来。寻路回到姑妈家,姐姐不见了,姑妈仍坐牢,只好跟"婶娘"乞讨度日,当了小乞丐。当时我是年纪最小的小囚徒,才8岁,引人注目;而且国民党报纸和书刊大登"共匪彭湃之子被我第九师捕获",所以"出了名"。祖母知道了我的下落,1936年夏把我带回香港。12岁了,我才读了二年书,勤奋之状就不用说了。由于在香港受到轰轰烈烈的抗日救亡运动的影响,心里痒痒的,横了一条心,毅然与堂弟偷偷逃离香港,奔向惠阳平山,参加抗日游击纵队,投身救国救家救百姓的洪流中。

1940年年底,我被送抵革命圣地延安,喜悦的心情难以言喻。我和"百家姓"的小朋友们、同志们同学习、同劳动、同工作。日子是艰苦的,一切都得自力更生:开荒、种地、纺线、做鞋袜、缝衣服被褥……生活是愉快的,无忧无虑;学习是勤奋的,争分夺秒。前方抗日战士流血牺牲,后方的一切非拼搏不可。坎坷的童年经历,磨炼了我不怕困难艰险的性格。几十位"母亲"给我的爱抚,感染了我热爱百姓的本能。父母亲把家产无私分配给了农民,直至不惜生命,给了我要为人民、为祖国奉献一切的热血。延安圣地培育了我自力更生、艰苦拼搏、直率坦诚的习性。总之,我虽姓"彭",但心中永远姓"百家姓"。

其二,主义与精神。我坚信共产主义必胜,作为共产党员,我将为之奋斗终生! 也许因是属"牛"的吧,非常敬仰"孺子牛"的犟劲精神,不做则已,一做到底。活着能热爱祖国,忠于祖国,为祖国的富强而献身,足矣;群体团结,是合力,至关重要,最怕"窝里斗",分力抵消,越使劲越糟糕,最后变成负力,悲矣! 尽自己的力气去做正功,没有白活。由于历史的误会,我有幸参加了我国核潜艇研制的全过程。时值"文化大革命","老虎"都被赶下山了,只好"猴子"称王,我也被抬上"总师"的宝座。为了实现党中央"核潜艇,一万年也要搞出来"的雄伟决心,我们这批"臭老九"既要遭受"文革"的折腾,又要忙核潜艇。我们国家应该有自己中国牌的核潜艇! 在国外资料严密封锁下,在乱哄哄中,我们这一群体顶着头皮,用一股犟劲,只用6年时间硬是把它搞了出来,这是奇迹! 靠的是什么? 除了中央的决心和领导的支持外,靠的是共产主义的爱国之心、群体的智慧和合力、一股犟劲精神。我深深感到"老九"们的可爱,群体的可爱。在这一宏伟工程中,我和他们一样,努力尽职尽责,做了铺砖添瓦的工作。

其三,明白和糊涂。凡工程技术大事必须做到清清楚楚,明明白白,心中有数,一点也不能马虎。但人总不完美,对事物总有几分模糊。这时就要通过不耻下问、调查研究、收集信息、进行试验等来搞清楚。例如,我们为了建立反应堆物理的计算公式,20世纪60年代初期只有手摇计算器和计算尺,科技人员夜以继日计算了十几万个数据,确立了自己的计算公式,但仍没有把握保证反应堆的绝对安全。我们被迫做了1∶1零功率试验,发现了误差,修正了公式,补添了近一倍的可燃毒物棒,保证了反应堆在常温下安全可控,把反应堆的脾气摸得清清楚楚,明明白白。做一个明白人谈何容易? 要有超前意识,对问题有新思路、新见解;对工程技术能亲自计算主要技术经济数据;对工程进度能说出某年某月应办哪几件关键事;对技术攻关能亲自挂帅出征,出主意,给点子……但当一个糊涂人则更难,难得糊涂。凡对私事,诸如名利、晋升、提级、长工资、受奖等,越糊涂越好。记住:为公明白,为私糊涂,以此自勉。

其四,拍板与改错。我有幸被"美誉"为"彭拍板"。凡事有七分把握就"拍"了,余下三分通过实践去解决。这属本性难移,急性子。科技人员最珍惜时间,时间是生命、是效益、是财富。有些问题只有赶快定下来,通过实践再看看,错了就改,改得越快越好,这比无休止的争论要高效得多。拍错板之例,为高温高压全密封主泵。该泵原采用垫片密封,出厂试验不漏,装到艇上,时漏时不漏。经过讨论,拍板改为"O"型环密封,结果一样。最后查阅了螺栓的设计强度,还有余量,又加大了预紧力,问题就解决了。说明两个方案都可用,恢复了垫片密封方案。体会:不怕拍板,不怕拍错板,因为拍错板可以改;最怕不拍板。

我也有遗憾之事,就是"夫人"太多,共有3个:第一"夫人"是核动力;第二"夫人"是烟酒茶;第三"夫人"才是小玛莎(夫人马淑英)。小玛莎不甘心当第三,"造反"了。为了和睦,只好晋升第二。

彭士禄

1996 年

彭士禄

采集小组负责人与
彭士禄院士合影

彭士禄院士及其女儿
彭洁在北京协和医院
接受访谈

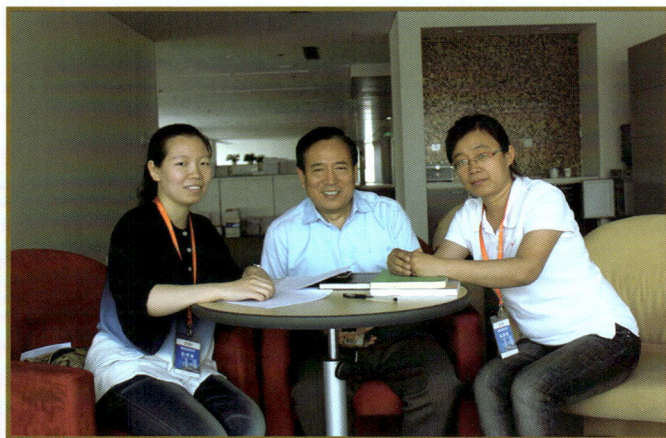

采集小组访谈工作照

目 录

图片目录

导　言

　　彭士禄是我国著名的核动力专家,中国核动力事业的开拓者和奠基人之一。1956 年毕业于莫斯科化工机械学院,同年 9 月于莫斯科动力学院进修核动力专业。1958 年回国后一直从事核动力的研究设计工作。曾任原子能所核动力研究室副主任;核动力研究所副总工程师;核潜艇陆上模式堆基地副总工程师;国防科委第七研究院副院长;国防科工委首任核潜艇总设计师;造船工业部副部长兼总工程师;水电部副部长兼总工程师;大亚湾核电站总指挥;秦山二期核电站首任董事长。1994 年当选为中国工程院院士。现任中国核工业集团公司科技顾问、中国核学会名誉理事长、中国核动力学会名誉理事长。20 世纪 60 年代中、后期,他主持了潜艇核动力装置的论证、设计、装备、试验以及运行的全过程,参加指挥了第一代核潜艇的调试和试航;所建立的核动力装置主参数计算方法,在主参数的选定、系统组成及关键设备的选型等方面有很强的实用价值并可推广应用于压水堆核电站。对秦山一期核电站由熔盐堆改为压水堆的堆型选择方案确定起了关键性的决定作用。彭士禄的研究工作主要分为两个阶段:

　　一是参加核潜艇的研制,担任中国第一代核潜艇首任总设计师。20 世纪 60 年代中、后期,彭士禄参与和领导我国第一代核潜艇的研制工作,获得成功；主持核潜艇动力装置的论证、设计、试验以及运行的全过程；参加、组织研制成功耐高温高压全密封主泵，达到了当时的世界先进水平；建立的核动力装置主参数计算方法，在主参数的选定、系统组成及关键设备的选型等方面有很强的实用价值并可推广应用于压水堆核电站。

二是领导筹建大亚湾核电站和秦山二期核电站。20 世纪 80 年代初，彭士禄提出了大亚湾核电站的投资、进度、质量三大控制，写出了"关于广东核电站经济效益的汇报提纲"，为大亚湾核电站的上马打下了良好基础。1986 年任秦山二期核电站董事长时，提出"以我为主，中外合作"，及自主设计、建造 2 台 60 万千瓦机组的方案，计算主参数、进度、投资等，为二期工程提供了可靠依据。

彭士禄先后于 1978 年获"全国科学大会奖"；1985 年，作为第一完成人获"国家科技进步特等奖"；1988 年获国防科工委为表彰优秀总设计师颁发的"为国防科技事业做出突出贡献的荣誉奖"。1994 年当选为中国工程院首批院士。1996 年获"何梁何利基金科学与技术进步奖"。

围绕以上所述的彭士禄院士学术成长线索，采集小组对彭士禄院士学术成长资料采集工作历经三个阶段：

第一阶段(2011 年 10 月—2012 年 3 月)：重点采集网络报道和期刊论文成果；大事年表草稿资料；中核集团部分档案线索。

第二阶段(2012 年 4—6 月)：重点采集彭士禄院士的著作、论文成果；有关院士的报纸和期刊报道；传记类资料；其他档案线索，包括出生地、求学阶段和涉密档案；编写访谈大纲。

第三阶段(2012 年 6—10 月)：梳理彭士禄院士的生活、学习和工作轨迹；根据案头工作获取的档案线索开展实地调研；加强档案资料的采集；重要事实和资料的走访、分析、验证。

彭士禄院士童年一直过着颠沛流离的生活，长大后，在党组织的安排下辗转于延安、河北、大连、哈尔滨和苏联多地求学。归国后，根据国家和党组织的需要，工作地遍及北京、四川、武汉、辽宁、浙江、广东等多地。如图 0 - 1 所示，彭士禄院士的学习和工作足迹遍及祖国大江南北。

跟随彭士禄院士的足迹，采集小组的调研工作也遍布多地。共采集到彭士禄院士学术成长资料如下：

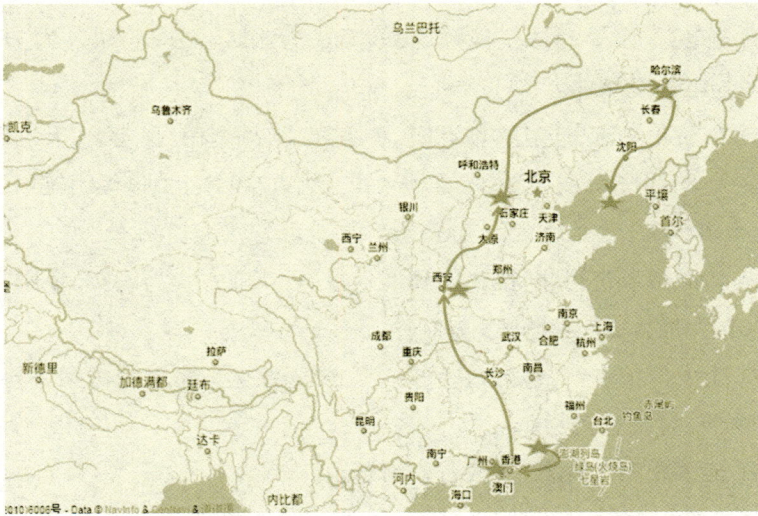

图 0-1　彭士禄院士在国内的学习和工作轨迹路线

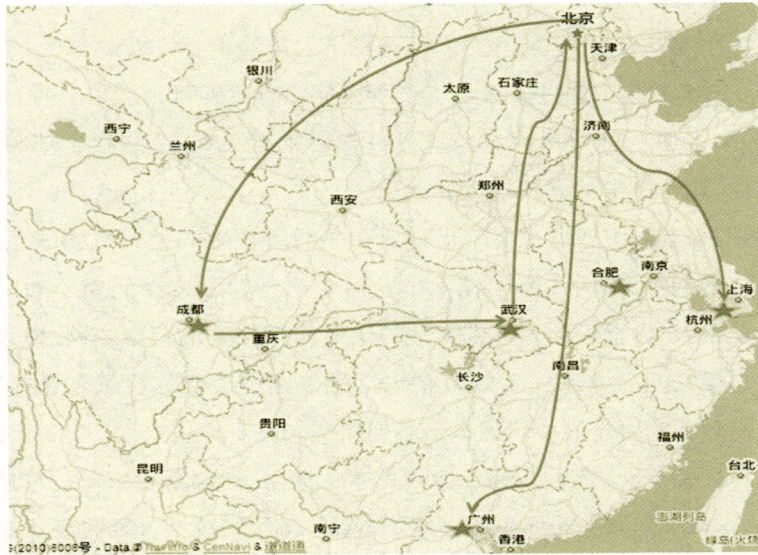

图 0-2　采集小组调研路线

（1）彭院士公开发表的学术成果，包括著作和学术论文，获取方式为购买和家属捐赠，90％为原件，10％为电子复制版。

（2）彭院士接受的访谈视频，获取方式为购买和复制，50％为DVD原件，50％为电子复制件。

（3）彭院士档案，通过实地调研，小组奔赴哈尔滨工业大学、大连理工大学、延安大学、中国科技大学、海丰档案馆、武汉719所、中核集团等单位获取院士的人事档案、文书档案和家庭档案等，获取方式为复制。

（4）新闻报道资料，包括新闻和期刊报道，获取方式为购买、复制和家属捐赠，90％为原件，10％为电子复制件。

（5）个人传记资料，包括自述、口述和彭士禄父亲彭湃的传记资料，获取方式为购买、复制和捐赠。

（6）证书和照片资料，获取方式为复制。

（7）手稿，采集小组获取到彭士禄院士从事核潜艇研发过程中核动力装置参数计算手稿以及核电站建设核反应堆主参数计算手稿等重要资料，获取方式为家属捐赠。

采集小组在档案、手稿等方面都获得了大量的重要成果：

（1）档案方面。通过多次与院士所在单位中核集团联系和沟通，获得了院士1980年和1990年代从事核电站建设时期相关档案，包括干部履历表、任命文件、业务往来文件和报告等。

同时，采集小组还通过与院士学习和生活所在地的档案机构联系，获得了其他档案资料，包括在海丰档案馆获得的彭士禄父亲彭湃留学日本的成绩单和学籍表、彭士禄给海丰档案馆的亲笔题词和家庭背景资料，以及中国科技大学提供的彭士禄院士作为兼职教授参与座谈会的会议记录档案等。这些资料对于大事年表和研究报告重要史实的确定作用极大。

（2）手稿方面。经过与院士家属的多次接触，逐渐获得家属的理解和支持，共分6批次向采集小组捐赠了院士的部分藏书、数据计算时使用过的工具、手稿共计300余件。其中50多件手稿部分包括核潜艇下马阶段，彭士禄院士在原子能研究所反应堆室授课的讲义，更主要的是从事核电站建设时期反应堆主参数计算和核电站经济计算手稿，这些都是非常珍贵的实物资料。所捐献的放大镜、铅笔盒、计算尺、计算器是彭士禄院士从事数据计算所用过的工具。这 50 多件手稿是彭士禄院士大量手稿的一小部分，大部分手稿由于涉密原因都已上交单位。而这些数据计算手稿都是靠这些简单的计算工具完成的。所捐献的藏书主要包括四个方面：工作、学习用书；地方志、家族史方面书籍；个人成果、相关报道材料；学术交流与交往赠书，能充分反映彭士禄院士的阅读收藏结构。

（3）照片方面。通过采集小组拍照、家属提供，以及与延安大学、北京理工大学党委宣传部等单位联系获得大量的照片资料，采集小组也尽最大努力对照片的拍摄时间、拍摄背景、主要人物等进行辨识，时间花费也是巨大的。

（4）证书方面。采集小组采集了彭士禄院士获得的重要奖项、证书的扫描件，包括院士证、国家科学技术进步奖证书和奖金分配文件、何梁何利基金证书等。由于彭士禄院士在国内没有获得过毕业证书和学位证书，所以他在留苏期间获得的证书是我们采集的难点部分，包括喀山化工学院、莫斯科核动力学院的结业证书，尤其是 1998 年俄罗斯国家教育部门发给彭士禄院士的证明函，将彭士禄院士在 1951—1958 年在喀山化工学院和莫斯科化工机械学院学习的经历认定为工程硕士学位。

（5）其他方面。采集小组还通过二手书市场、出版机构、网络博客等途径，获得了大量的实物资料。其中通过网络博客与上海的赵国玺老师（与彭士禄院士一起工作过多年，曾是彭士禄院士的部下）联系上，采集小组获得了他本人于 1970 年代创作的描写核潜艇研究时期繁荣景象的画作出版物，该作品上有参与过核潜艇工作的重要元老的题词以及主要参与人员的亲笔签名，包括刘杰、陈佑铭、赵仁凯、黄旭华等，作品名称"核动力之源"由彭士禄院士亲笔题名并签字。

采集小组获得的重要成果对于前期一些史实和事件的确定具有重大帮助，通过手稿、档案、聘书 3 个方面资料佐证彭士禄院士在中国科技大学授课事实。

彭士禄院士一生仅有短暂两年的授课经历，主要集中在 1961 年到 1963 年间，在原子能研究所反应堆室给自己的同事讲热工方面内容的同时，在中国科技大学近代物理系也讲授热工课程。在采访过程中,针对有些人认为彭士禄院士只是中国科技大学的挂名副教授的说法,采集小组通过手稿、档案、证书、本人访谈等多方面采集资料,获得重大发现,也充分证明彭士禄院士在中国科技大学不仅授课,还经常参与中国科技大学组织的学科研讨会。

我们获得的第一个线索就是中国科技大学档案馆校史办公室提供给采集小组的档案资料"1962年秋兼职教师座谈会发言记录之一技术物理系兼职教员座谈会记录",该档案资料记录了彭士禄作为参会人员之一,就原子核专业如何办提出了自己的观点,尤其对该专业的课程设置方面做了重点发言。

其次,采集小组从彭士禄院士家属捐赠的手稿中发现并整理出两本当时用于授课的教材,通过与院士本人沟通,这两本笔记本手稿就是当时用于授课的教材,而且授课超过200学时。

再次,采集小组在帮助家属整理证书资料时,找到郭沫若亲笔签名的聘请彭士禄为中国科技大学近代物理系副教授的聘书。

通过以上3个方面的材料可充分说明彭士禄院士在教学方面的经历,这些资料显得尤其珍贵。多方的验证也是采集小组对待重要史实的态度,一直贯穿于小组工作始末。图0-3为采集小组采集到的档案、聘书和教材照片。

本传记根据"老科学家学术成长资料采集工程项目"相关规定,依据采集到的老科学家的档案、照片、手稿、科研成果、新闻报道、口述访谈等资料而完成。彭士禄院士学术成长资料采集小组制定了两条调研线路,一是院士出国前"延安——哈尔滨——大连"学习、活动线路;二是院士出国归来后"北京——四川——武汉——广东——浙江——北京"工作线路。围绕这两条线路开展实地调研,调研对象包括所在地的图书馆、档案馆、工作单位。即使是一页的档案资料线索,采集小组也没有懈怠,尽全力拿到。

本传记的思路是按照年代顺序,根据彭士禄院士学习、工作和科学研究学术成长经历,围绕幼年奔波——国内求学——留苏——归国潜心科研——核潜艇研制成功——投身核电站——关注核能发展这一主线开展撰

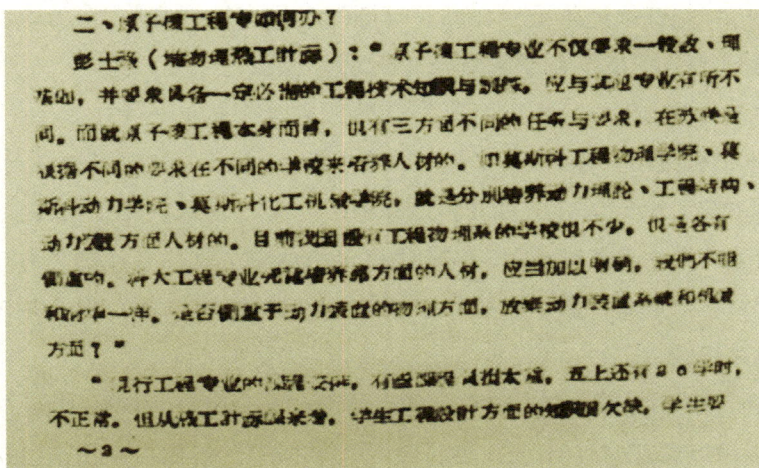

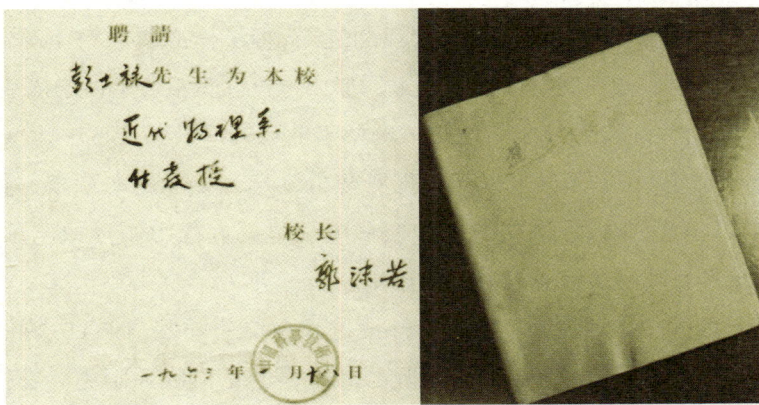

图0-3　彭士禄在中国科技大学授课相关资料

写工作,具体结构如下:

第一章:生于革命家庭　自幼颠沛流离(1～15岁,1925—1939年)。梳理彭士禄院士家庭历史背景。彭士禄院士的父亲是中国农民运动先驱领袖彭湃,根据史料简要阐述彭湃及其家人的革命史和贡献。父亲彭湃、母亲蔡素屏等亲人牺牲后,彭士禄开始了吃百家饭的生活,通过传记、口述、新闻报道等材料叙述彭士禄流浪、坐牢、参加革命的幼年经历。

第二章:赤子之心　闪耀延安(16～23岁,1940—1947年)。彭士禄来到延安后,先后在延安自然科学院中学部和大学部学习。本章根据彭士禄口述、访谈、史料描述彭士禄在延安时期的学习和工作经历,作为革命烈士后人,彭士禄在延安既是学习模范,也是劳动模范。

第三章:国内大学短暂停留　奔赴苏联学习(24～34岁,1948—1958年)。本章根据彭士禄口述、报道等资料梳理彭士禄出国前后的学习经历,包括哈尔滨工业大学、大连工学院、喀山化工学院、莫斯科化工机械学院,尤其是留苏后期在莫斯科动力学院的进修经历奠定了其后来核动力方面的成就。本章将重点剖析彭士禄的外语基础、化工机械和核动力方面知识结构的形成过程。

第四章和第五章:潜心研究　随时待命(35～40岁,1959—1964年);研制成功—核潜艇起航(41～58岁,1965—1982年)。根据口述访谈、报道、传记文学、档案、大事记、行业年鉴、内部资料等阐述彭士禄投身潜艇核动力装置预研究和核潜艇研制成功两个阶段的经历,围绕核潜艇项目下马和上马两个重要时间节点开展具体学术成果的形成过程以及重要事件的描述。

第六章:关注能源发展　立足核电站事业(59～65岁,1983—1989年)。1970年代和1980年代彭士禄开始投身核电站建设工作。本章根据核电站行业年表、年鉴、访谈等资料梳理其在核电站建设过程中领导核电站建设、主持技术计算和经济计算等方面的历史。

第七章:进入新年代　推动核科技进步(66～76岁,1984—2000年)。本章根据彭士禄在核能和核电站研究领域发表的论文成果阐述其在核能发展方面的意见和建议以及核学会经历等。

第八章:多角色的人生(77岁～　　,1985年—　　)。本章根据彭士禄生活和工作中的点点滴滴以及所取得的成果,重点总结彭士禄的学术成长特点以及他个人乐观、豁达的性格特点。

第一章
生于革命家庭　自幼颠沛流离

革命世家

海丰位于中国的南海之滨,北依崇山峻岭,南邻汪洋大海,是物产丰富的鱼米之乡,但在 20 世纪初,由于帝国主义的野蛮侵略和封建势力的残酷压迫,海丰人民过着痛苦的生活。辛亥革命打倒了清朝皇帝,海丰人民以为有了希望。但是,辛亥革命并没有改变中国半封建半殖民地的社会性质,而是新的军阀统治代替了清朝皇帝的统治。在帝国主义操纵下的军阀统治,对人民的压迫剥削更加残酷。

20 世纪 20 年代,海丰爆发了轰轰烈烈的农民运动,彭士禄正是生于此时、此地。1925 年 11 月 18 日,彭士禄在父亲还没有赶回家之前就出生了,母亲也在生下他不久之后就将他托付给奶妈照顾,投身轰轰烈烈的农民运动。彭士禄的父亲就是中国共产党早期的无产阶级革命家、著名的中国农民运动领袖彭湃,而母亲则是彭湃的结发妻子蔡素屏。两人所选择的革命道路注定了彭士禄颠沛流离的童年。

彭士禄的父亲彭湃①,1896 年 10 月 22 日出生在广东省海丰县一个封建大家庭里,在海丰县可以算作大地主。当时的彭家每年收入千余石租,共计被统辖的农民男女老幼不下 1 500 人②。在县城兼营木材生意,有 60 多间铺面出租。彭家虽然富足,但由于没有人在官府里做官,有家财而没有势力。每逢派军需款项时,常受强迫勒令,因此,彭家对现实也有不满。

彭湃 10 岁时父亲就去世了,教育的问题就落在母亲周凤和祖父身上。彭湃的祖父非常重视教育,希望孙子这一辈能出人头地,以提高彭家的社会地位,所以除了让孙子们上学堂外,还时常亲自教他们读书。彭湃自幼天资聪颖,学习勤奋,书法、图画、作文都常常名列前茅,家人对他寄予厚望。彭湃的母亲周凤在 1957 年曾写过有关彭湃的一篇小传,原文是这样的:"湃少聪颖,超群儿,7 岁能背诵古文,一无遗字,善楷工书,9 岁时候,我家的春联,则免多劳于别人。家先翁教诸孙儿读书时,早知湃的出萃,一面欢喜,一面爱惧。曾对我说:'此儿是我家的千里驹,须善教养,但我家以后的兴旺,完全和天泉③一人大有关系。'此言至今,犹存在脑海中。彭湃小时读书,氏④就开始为湃担忧,因湃赋性刚强,不与人同,时常说起土霸劣绅贪官污吏的故事,便大声痛骂。⑤"

彭湃上学后,随着文化的提高,知识的丰富,对文天祥、洪秀全、林则徐、孙中山等人的事迹有了一定的了解,加之从小对自家佃户的生活窘迫充满同情,反封建的民主思想幼苗滋生。

1917 年夏,彭湃怀着寻求救国救民道路的愿望来到日本。先在成城学校补习了一年日文,1918 年 9 月 30 日,考入早稻田大学政治经济科专科学习。期间,日本帝国主义对中国的侵略步步加紧,他看到日本博物馆里陈列着从中国掠去的文物,碰到有些日本人随意辱骂甚至没有任何借口逮捕中国人。于是,他一面努力学习,一面积极投身反日爱国运动。1918 年 3 月 25

---

① 彭湃(1896—1929),原名彭汉育。

② 《广东党史资料》(第十五辑)。广东人民出版社,1989 年。

③ 天泉,彭湃的乳名。

④ 祖母周凤自称。

⑤ 《南方都市报》,2001 年 7 月 1 日。

日，日本与段祺瑞政府谈判签订"中日陆军共同防敌军事协定"，留日学生获知这一消息后非常愤慨，彭湃和两个留日的同学合影，他们在照片上写道："民国七年中国军事亡国协定被迫签订之日，特合摄此国丧纪念照片，以示国仇之不忘"①。由于彭湃积极参加反日爱国运动，引起日本当局的注意，他的姓名也上了东京警署的黑名单，被列为"排日派的中国留学生"，成了日本警察署的监视对象。1919 年，彭湃在十月革命的影响下，参加了以研究农民问题为特点的"建设者同盟"，并组织"赤心社"，以学习俄国十月革命

图 1-1　彭湃在日本早稻田大学留学时的照片

（图片说明：该照片由日本早稻田大学制作并赠予彭士禄）

为主要任务，从而接受了社会主义学说，把十月革命看作中国革命的方向，主张"走中国人的路"，自此开始研究社会主义学说和马克思主义。

在日留学期间，虽然受时局影响，但每学年成绩也还合人意，广州外国语学院曾托请早稻田大学实藤惠秀教授找到了彭湃在早稻田大学的学籍表和成绩表。这两件珍贵文物，提供了研究彭湃在日本生活的一个可靠依据。本章后附彭湃在早稻田大学学习时期的学籍表和成绩单。

彭湃 1921 年回国，出任海丰县教育局局长，组织"社会主义研究社"，主办《赤心》周刊，传播马克思主义。同年加入中国社会主义青年团。1922 年开始从事农民运动，发动组织农会。

同年，发生了一件在广东广为人知的彭湃火烧地契事件，对于此事件，彭湃旧居有一块壁画，上面详细记录了该事件。从日本回国后，彭湃发现很多农民辛苦劳作，却过着三餐不饱的生活。他认为造成这种困境的根本原因是农民没有自己的土地，因而他提出"土地农民所有"的革命主张。为了

———————————

① 《广东党史资料》(第十五辑)。广东人民出版社，1989 年。

彻底背叛自己出身的地主阶级,彭湃决心首先从自己家里开始。1922 年 11 月的一天,彭湃拿着一大堆田契来到挤满观众的龙舌埔戏场,走上戏台,庄严地向农民宣布:他分家所得的田地全部归耕种的农民所有,并当场烧毁田契。

图 1-2　描述彭湃火烧田契的壁画
(图片说明:该图片描述的是 1922 年彭湃火烧田契的经过,照片由家属拍摄并提供)

　　1923 年 1 月彭湃领导成立海丰县总农会,任总会长。同年 7 月组建广东农会,任执行委员长。1924 年转为中国共产党党员。7 月创办广州农民运动讲习所,任第一、第五届主任,兼任历届教员和广东农民自卫军总指挥。1925 年任广东省农民协会执行委员会常委,中共海陆丰地委书记,国民党广东省党部农民部部长。1927 年任中共第五届中央委员,全国农会临时执行委员兼秘书长,同年参加南昌起义,任中共前敌委员会委员。后随军南下,任东江工农自卫军总指挥、中共东江特委书记。领导创建中国最早的县级苏维埃政权——海陆丰苏维埃政权和海陆丰革命根据地。1927 年 12 月,广州起义时被任命为工农民主政府人民土地委员。1928 年 7 月,在中共六届一中全会上被选为中央政治局候补委员,11 月,增补为中共中央政治局委员。同年 11 月赴上海,任中共中央农委书记。1929 年 2 月任江苏省委常委、军委书记。同年 8 月 24 日因叛徒出卖被捕。30 日被国民党杀害于上海龙华。著有《海丰农民运动》等,主要著作编为《彭湃文集》。

　　彭湃牺牲时,彭士禄才 4 岁,加上彭湃一直南征北战,很少在家陪伴彭士禄,所以彭士禄对父亲的印象是模糊的,但彭湃的革命精神在彭士禄的脑海里是清楚的。下面这张照片是彭士禄出生不久跟父亲的合影,也是跟父亲唯一的一张合影,当时的彭士禄依偎在父亲的怀里,是多么温馨的一张照片!

图 1-3　彭湃照片

(图片说明:1925 年 3 月,中共海丰支部成立。4 月,改组为中共海陆丰特别支部。彭湃时任中共海陆丰特别支部书记)

图 1-4　1926 年 2 月 22 日彭士禄幼儿时和父亲彭湃的合影

(图片说明:照片的左侧,彭湃亲笔写下了"彭湃及他的小乖乖,一九二六·二·二二",照片中左侧的是彭士禄,右侧是彭士禄的哥哥彭干仁)

　　1950 年,彭士禄赴苏联留学前夕,弟弟彭洪给他寄去一张父亲的遗照,上面写的几句话能够最好地表达彭士禄对父亲的感情。照片信息如下：

图 1-5　1929 年 4 月彭湃照片

（图片说明：该照片是弟弟彭洪于 1950 年寄给彭士禄的照片，并写道"这是中国革命英勇的斗士！这是光荣的共产党员！这是我的爸爸——彭湃同志！"）

彭士禄希望我们的子孙后代学习彭湃等前辈的两点：一是无私奉献精神；二是敢为人先、勇于创新的精神。彭士禄在学习、生活和工作中始终牢记这两点。

彭湃的革命精神感染了家人参加革命。自 1928 年至 1933 年，彭湃烈士一家为革命牺牲有 7 人，计二哥彭达伍，三哥彭汉垣，七弟彭述，彭湃及其夫人蔡素屏、许玉庆，侄儿彭陆。下面是彭湃主要亲人简介和牺牲过程[1]。

彭汉垣，生于 1893 年 3 月 1 日。彭汉垣一向支持彭湃的革命行动。1925 年 2 月 28 日东征军进海丰城，彭汉垣等一面发动劳军，一面筹备恢复

---

[1]　彭湃家人的牺牲过程根据《海丰英烈》第一辑以及海丰档案馆提供的彭家人生平资料简述而成。

农会。同年 3 月上旬,经过周恩来的推荐,被任命为海丰县县长。就任后,着手建立民主的政务委员会,选择革命青年和公正人士担任县区官员,在施政方面特别支持农会和工会组织的恢复,支持农民减租减息,取消苛捐杂税;发展地方教育事业,整修主要道路和桥梁渡口等。1925 年 9 月,东征军留守部队张和部叛变,农军撤退石龙,彭汉垣随军撤退。1927 年 9 月 23 日,南昌起义部队进入潮汕,在汕头成立临时革命政府,彭汉垣任处长。后在广州参加 12 月 11 日的广州起义,随即又潜回海丰。1928 年 2 月初,彭湃派彭汉垣到香港采购物资,3 月 1 日国民党反动派攻陷海陆丰,彭汉垣经与组织商议回到澳门以开小店为掩护,设立交通站。国民党反动派于 1928 年 3 月 16 日逮捕彭汉垣和他的二哥彭达伍,同年 4 月 12 日,一起被杀害于广州西郊。

彭述,1903 年 7 月 18 日出生,是彭湃的胞弟,排行第七。1925 年,国民革命军第一次东征,彭述在海丰党的负责人郑志云、海丰农会负责人杨其珊的领导下,参与了组织交通站、情报站等工作。1931 年,党组织调彭述到大南山区工作,任命他为中共东江特委委员。1933 年秋在惠来大南山战斗中英勇牺牲,年仅 30 岁。

蔡素屏,彭湃的夫人,彭士禄的母亲,生于 1897 年 2 月 8 日。与彭湃在 1912 年结婚,后在彭湃的教育下开始与封建习惯势力抗争并主动跟随彭湃到农村开展宣传工作。1923 年 1 月海丰总农会成立,蔡素屏成为一名农运女战士并于 1926 年 2 月加入中国共产党。1928 年 9 月 19 日,因叛徒告密,蔡素屏在平岗乡被反动民团围捕,于 1928 年 9 月 21 日英勇就义,牺牲时年仅 31 岁。

许玉庆,曾用名许玉磬,彭湃第二任夫人,又名许冰,1907 年出生,1926 年加入中国共产党。1927 年 11 月,海陆丰工农兵苏维埃政权建立,许玉庆与彭湃一起策马征途,足迹遍及大南山西部,以及北部一带乡村。彭湃牺牲后,为了革命事业,她把孩子寄养在战友家,自己重回大南山,担任东江妇女解放委员会主席。1932 年 2 月,敌人突然包围普宁大澳杜番寮村,许玉庆不幸被捕,1933 年秋在汕头壮烈牺牲,牺牲时年仅 26 岁。

彭陆,又名彭锡智,生于 1911 年 4 月 13 日,是彭湃三哥彭汉垣的儿子。大革命失败后,国民党反动派到处搜捕革命同志,彭陆在广州一家书店当店员,以此作掩护,进行地下工作。后来被海丰的地主认出告发,遭敌人逮捕,囚禁于警备司令部特别法庭。彭陆经历了多次酷刑拷打,国民党反动派都只得到一句"共产党万岁"。1928 年 2 月 28 日,反动派将他杀害,将他的尸体扔入珠江河中,牺牲时,只有 17 岁。

作为一个家族,为革命所牺牲的人数之多,不免让人心生敬畏。下面这张图片是 1983 年中华人民共和国民政部颁发给彭家的烈士证书,以表彰彭家在第二次国内革命战争中所做的牺牲。相信也没有几个家庭会有这么多的烈士证书。

图 1-6　彭家的烈士证书

(图片说明:该证书所颁发的人物上起:彭湃、彭汉垣、彭述、蔡素屏、许玉庆、彭陆)

吃百家饭、穿百家衣

　　1928年9月21日彭士禄的母亲蔡素屏牺牲后，国民党反动派叫嚣着："彭家的人，抓到一个杀一个！一个不留，斩草除根。[①]"危急之时，奶妈王婵将年幼的彭士禄救出。为了避免敌人斩草除根，彭士禄称其为"妈妈"，与之生活一段时间后辗转于多家，一直在乡下逃难。2010年10月，彭士禄在录制的口述视频中对这段经历描述如下：

　　　　国民党把房子烧了，到处抓人。我记得有点印象是，3岁的时候一个黑夜里奶妈背着我就逃难了，在黑夜里逃到一个牛洼里去，牛洼里呆了一个晚上，马上又给我转移走，那个牛洼离我们家比较近，所以也不安全。那时候有点印象，从牛洼出来就到了一个小树林里头，一个老爷爷一个老奶奶两个人的一个家里，呆了几天。为什么呢，在树林里有虫子咬我，我被它咬坏了，在腿上，后来老爷爷、老奶奶给我敷点草药，因为县城离的比较近，离我家不太远，所以也不安全。所以从这里我奶妈又把我背到一个农村里去，背到农村里可能呆了几个月吧。在这个村子里有一个叫姑姑的，有一个叫姐姐的，一个十五六岁，一个七八岁，我在那里生活。这家人我最近才找到，是他儿子写信来，说他妈妈对我很关心，因为也知道我还活着，所以无论如何一定叫他儿子来找到我，这是去年的事情。在她那里可能住了将近有半年多吧，我记得印象很深刻。冬天的时候很冷，这个阿姑就搂着我睡觉，我们三个人，还有一个小姐姐，我们三个睡一个炕，我就睡在当中，这么个事情。但我那时太小，都不记得了，没有印象，记得在那里呆过一段时间，所以提醒之后，我回忆起来有这么个事。我就记得冬天很冷，大的姐姐（应该是姑姑）

---

① 黄榕：《吃百家饭的孩子》。四川少年儿童出版社，1999年。

就搂着我睡觉,因为三个人盖一床被子,这么个情形。

这期间,彭家人居住的得趣书室和白色洋楼被一把火焚毁。新中国成立后,于1958年重建这两座建筑。"文化大革命"中再次被毁。现存的得趣书室和白色洋楼,是1977年第二次重建的。1986年按原貌恢复。

父亲彭湃牺牲后,彭士禄被国民政府列入搜捕范围,敌人到处搜捕他,成为通缉犯。

1930年,七婶杨华①把彭士禄从海丰悄悄接到澳门,和祖母周凤三人靠糊火柴盒、黏胶鞋、绣花艰难度日。1931年又到香港的五叔家呆了一段时间。半年后,1931年夏,党组织让彭士禄的七叔彭述将其送到潮安一带,待有机会再送往中央苏区瑞金。然而这条路却并没有那么好走,自此彭士禄便与亲人失散,彭士禄不知住过多少家,过起了"吃百家饭、穿百家衣、姓百家姓"的生活。

与家人失散的经过,彭士禄在自述《难忘的少年时代》②一文里是这样描述的:

那时,大概是1931年秋天,我六七岁了,跟祖母住在香港。有一天,我七叔来带我出门,我不知道要往哪里,结果是坐船到了汕头。我没带行李,手里拿着把雨伞,跟着七叔上了岸,步行到庵埠附近一个小村。那时有铁路,这个村距铁路很近。我们进村后来到一个大房间里,里面聚集着二三十人,有带驳壳枪的,有人躺在床铺上。不久,七叔对我说,他要去"出恭"③,但一去就没再回来。我不见七叔,便哭起来。叔叔们哄我,带我住到一户人家里去。住了一个礼拜,又转到另外一家去。因为当时要查户口,我便一家转一家。

到了后期,我记得比较清楚的,就到了山顶阿妈那里。那个山上就是她一家人,她就一个人,我叫她叔婆,现在的话叫婶子。她的名字我不知道,就她一个人,在一个山上的半山腰里面,孤孤单单一个房子,没

---

① 杨华,彭湃七弟彭述之妻。
② 原文刊载于《潮汕党史资料》,1987年第2期,内部发行。
③ 出恭,海丰话上厕所的雅称。

有别的人，那我们两个在一起。我老是跟她去种菜，种地，去捡蘑菇，爬树，抓鸟蛋，鸟的蛋，来吃。我估计在这个地方呆了将近有几个月的时间，所以印象比较深刻，我叫她叔婆，名字、姓什么我都不知道。那么有一次正好她经常带我下山去，回来的时候在一个爬山的斜坡路上死了一个人，是个男的，她看了之后挺害怕的，怎么搞的，马上就把我就带走了，不要看了，不要看了，就给我带回去了。所以我在那地方有个好处就是学会爬树，去抓鸟蛋，还捡磨菇，帮她种地，这样两个人过得很不错，平安无事的。自从看到死人之后，估计她就不太安心，就感到我不能久呆，这样就把我弄到山下。山下一个村子，比较大，这家人我也不知道姓什么，他是打鱼的。我们那里有，潮州不是有很多池塘嘛，都养鱼，这家人就是养鱼的。那么我就跟着这个爸爸经常出来打鱼，因我别的干不了，可能也就是不到七岁嘛，就跟他来打鱼这样情况。打鱼我也淘气，那旁边种着潮州柑，很大，我看了真好吃，但也不能偷。他一看我这个样子的话，挺馋的，他就把他的鱼拿了一部分到了老太太家里，他说我跟你换几个柑吃吧，你看我这个小孩子，看了你这个广柑非常甜，非常好吃，挺馋的，老是用鱼跟她换几个柑来吃。我这个爸爸不错，老带着我去打鱼，这样我在这家里住了一段时间。但这个人呢我不好意思问他姓什么，到那里就叫爸爸妈妈完了，哥哥、弟弟，就这么个情况，不好意思问他叫什么名字，什么都不知道，但他们对我都非常的好。

彭士禄当时还不知道，七叔彭述离开后不久就被逮捕，期间遭受敌人的酷刑和虐待，1933 年被国民党反动派残忍杀害，并秘密掩埋，直到后来尸体也没有找到，牺牲时年仅 30 岁。

在潮安和金砂乡，贫苦百姓冒着杀头的危险把他从一家转移到另一家。无论到哪一家，彭士禄都认家里人作爸爸妈妈哥哥姐姐。在彭士禄的记忆里，有"山顶阿妈"、"船夫父亲"、潘姑妈等 20 多位"爸爸"、"妈妈"。其中有两件事彭士禄记忆比较深刻：一是去苏区路上经历；二是潘姑妈①待自己胜亲儿。

---

① 汕尾市政协文史资料委员会编：《汕尾文史》(第十二辑)，2002 年 12 月。

去苏区的路并不好走,中间发生很多意想不到的事情,更有为此牺牲的烈士。令彭士禄记忆最为深刻的是被转移多户人家寄养后,到了一户以打鱼为生的人家。不久,时为潮澄揭边县委上莆区委委员、红军队长陈永俊领彭士禄到金砂乡的新乡陈村隔邻的杨姓小村。过了一段时间,来了两个人要带彭士禄去苏区。当时预先布置好口供,认所住的这家杨姓男主人为父亲,认他的儿子为哥哥,其余同行的人都不认识。一行人乘渔船沿韩江北上来到隩隍。被岸上的国民党军队哨兵发现可疑并搜查,在船舱壁的灰泥里挖出了纸条。同行的四人都被带走,船里只留彭士禄一人守候。期间,国民党哨兵来哄骗彭士禄,问他两位搭船的是什么人,要去哪里?并哄他说要给他饼干吃。幼小的彭士禄想起之前预先布置好的口供,便说不知道,不认识他们,随后更是哭起来。后来,"父亲"、"哥哥"都被放回来了,另外两个人却没有回来。

1940 年彭士禄到了延安后才有人告诉他那两个人一个是徐国声、一个是林甦,被捕七日后在梅县被国民党枪毙了①。正是之前为了保护彭士禄而预先布置好的口供和彭士禄的机智救了他自己。

之后,彭士禄回金砂乡在陈永俊家里住了一年,陈永俊的母亲潘舜贞,彭士禄称她为姑妈,对待彭士禄有如自己的儿子,很是疼惜他,家里难得有个鸡蛋都让小彭士禄吃,过年过节有鹅肉时,让他吃肉,让自己的女儿啃骨头。潘姑妈还让彭士禄念书,不过由于条件有限,断断续续地念了半年小学。陈永俊有时教彭士禄唱红军歌,也使得他知道在大南山有个革命根据地。

生存下来是彭士禄 8 岁之前的主要目标,这之后活命则成了他的生活。

"小政治犯"的铁窗生活

1933 年农历 7 月 15 日,彭士禄和潘姑妈一起被国民党抓走。这一天

---

① 徐国声和林甦当时均为东江特委负责人,1933 年末同赴瑞金参加即将举行的全国苏维埃第二次代表大会,途径隩隍,被捕,并壮烈牺牲。

是民间俗称的"鬼节"，所以彭士禄对这个日子记得很清楚，也能很清晰地描述被抓的经过："到了1933年阴历的7月15号叫做鬼节，过鬼节，阴历7月15号，国民党的宪兵队就把我们家里包围起来了。早上他不敲门，我姑姑出来开门的时候马上就把她抓住了，也把我抓了。当时是五户联保，另外四户也抓，一户抓一个男的，抓了五户五个人，连我六个。那么谁来抓我呢，因为原来潮安县委书记叫陈醒光，陈醒光经常到我们家里来，夜里来，就知道这个情况，知道我家住在这里。四次围剿时，整个大南山苏区被破坏了，他被俘后叛变，到处抓人，抓了差不多就剩下我这家人就来抓我了。所以他那时候一开门他就把我提溜出去了，去审我，我一看怎么是他啊。他就问，你认识我吗，我说我不认识。他说你是彭湃的儿子你知道吧，我说我不知道，我说这是我姑姑，我姓陈，不姓彭，姓陈，他说你是个天主教徒，在香港，你叫彭保禄，你不姓陈。我说我姓陈啊，他说你哥哥哪里去了，我说我哥哥过番了，就是到南洋去了，我们口供都编好了，到南洋去了。他说那你哥哥的枪呢，我说我没看到有枪啊，我说他早就到南洋去了，因我们口供都准备好了这样子，问我姑姑也如此。这样我就知道他是叛徒了，告诉我姑姑他叛变了。我姑姑是小脚啊，路走的慢，老打她，国民党用驳壳枪的枪把老打她，我就看不惯，我就跟他挣扎，这样的，这样就押到村公所去了。"

先在乡公所关了几天，后来被押赴潮安县城监狱，和潘姑妈一起关押在女牢房里，同时关在里面的还有那位"山顶阿妈"，得到两位"妈妈"的照顾，彭士禄在监狱里的日子才没有那么难熬。

当时的潮安县城监狱女牢房对面是一长列男牢房，中间有一段空地。男女牢房相对可以打手势，传递消息。女牢里有个红军姐姐经常教彭士禄唱红军歌，见他穿得破，便跟男牢的人打手势，当大家猜到他的身份后，发动了一次自愿捐一个铜元运动。全监300多人，共捐近10元，给彭士禄做了一件红格上衣，一条蓝格裤子①。

正是穿着这身衣服彭士禄登上了国民党政府办的报纸。国民政府给

---

① 黄榕：《吃百家饭的孩子》。四川少年儿童出版社，1999年。

图 1-7　1933 年彭士禄 8 岁入狱时的照片 [①]
(图片说明：该照片是 1933 年彭士禄被关在汕头监狱时国民党反动派给他照的相。彭洁提供)

"小政治犯"彭士禄照了相，在《南山剿匪记》和广州《民国日报》上刊登大幅照片，在醒目的位置注有"共匪彭湃之子被我九师捕获"等字样。1956 年，彭士禄从苏联留学回国探亲，七婶杨华给他寄来一份复印的当年的广州《民国日报》。

彭士禄辗转又被关到汕头石炮台监狱，生活很苦，饭里夹沙子，菜里有虫子，故饿死病死很多人。死了的人便被抛到海里去，也常常有难友之间互相打斗致残。想来小小年龄就被数次关进监狱经历生死的应该没有几个，而彭士禄却是其中之一。这段经历在彭士禄幼小的心灵深处留下了不可磨灭的烙印。

过了一段时间，彭士禄与石炮台监狱的几百个难友被押上轮船，载到广州"感化院"，期间，彭士禄得了一场大病，差不多一个月，发高烧、说胡话，还不停地抽筋。彭士禄记得当时感化院里有一位红军哥哥，跑上跑下地替他拿药、端饭、倒水，才退了烧，慢慢缓过来。这时头脑虽清醒些了，腿却不听使唤了，几次想站起来双腿都像棉花一样，一点力气都没有。就这样彭士禄瘫痪了，差点病死，走路靠爬，也多亏红军哥哥的照顾，彭士禄才算渡过难关，病渐渐好了，可是落下了终身的后遗症。直到现在，虽经多方治疗，凡遇感冒发烧，他的双腿就会有好几天不能动弹，彭士禄的脊柱也一直不好，80岁以后就开始坐轮椅。

在广州感化院，这位红军哥哥跟彭士禄讲述其七叔彭述在大南山牺牲的情况以及潘姑妈的儿子陈永俊的牺牲过程。

[①] 照片原刊于 1933 年广州《民国日报》，本处属于转载。

脱离感化院已经是一年后的事情了。他循着路走回金砂乡被捕前"姑妈"家，姑妈还在狱中，唯有一位记不起姓名的婶娘当乞丐，便和她一道要饭度日。之后还在姓蔡的"大姐夫"家里呆过，日子越来越艰辛，年幼的彭士禄每天光着脚上山割草，砂粗石尖，练得脚底板皮很厚，玻璃和刺都扎不进去，还学会了绣花帮助家里赚点收入。期间，还常和"大姐夫"去监狱探望姑妈，每逢见面两人都会抱在一起哭。彭士禄跟"姑妈"的感情至深，新中国成立后彭士禄留苏期间以及回国后无时无刻不牵挂"姑妈"，常常打听"姑妈"的消息，一有机会就去看望。

图 1-8　彭士禄在汕头石炮台监狱和潮安监狱门前留影

（图片说明：左图为彭士禄8岁入狱时所在的汕头石炮台监狱，右图为彭士禄入狱时所在的潮安监狱）

这样的苦难生活并没有让彭士禄避免再次入狱。1936年夏，某日，乡公所把彭士禄关进了潮安监狱的男牢。在这里，彭士禄又遇到了上次入监时一同被抓的潘姑妈。不多几日，便和姑妈同被押到公堂。坐在公堂上的还有一位老人家，虽然自上次1931年香港一别，彭士禄已经有6年没有见过祖母了，但他还是认出了祖母。祖母也是几经周折才找到他。很显然，这位老人家是来救自己的孙子的。随后发生的事情充分展示彭士禄内心重情重义的品质。原来，是党组织通过彭泽民找到陈卓凡进行的营救，通过他的关系来释放彭士禄,所以在公堂上,只要彭士禄承认自己是这位老人家的孙子就可以离开"二进宫"的监狱。但当法官指着这位老人家问,"她是不是你的祖母"时,彭士禄却回答说:"不是"。他担心认了祖母,日后没人照顾姑妈。姑妈不认识彭士禄的祖母,为了保护彭士禄便也没有承认。还是姑妈后来找机会问彭士禄的时候,他才承认。姑妈这才坚决地让彭士禄下次一定要认。这样祖母才把彭士禄救了出来。出狱前彭士禄与姑妈跪别,姑侄俩抱头大哭,这段经历无论潘舜贞还是彭士禄都记忆深刻。2010年彭士禄在口述视频中回忆了庭审中发生的插曲:"呆了几天姑妈就跟我一起上公堂去了,到了法院看到一个老太婆,白发苍苍,我一看有点印象,像是我祖母。当时就三堂对质,我祖母说这个小孩子是我的孙子。姑妈也莫名其妙,怎么是你孙子啊,这是我的侄子啊。按照原来口供都这样认的。他们就问我,我说我不认识这个老太婆。我祖母气坏了,她说有证据,他的右脚脚趾头上有个胎记是红的,你手一摸它就变白,一收它就回来。那么大家都来看了,的确有一个红记,一弄血就没有了一放又回来,但我又死不承认,我姑妈也不承认,所以第一堂就没有效果,就把我们又放回监狱里去了。在路上我姑姑就问我,是不是你祖母啊,她害怕被人家骗走,我说是。是,你怎么不认呢,我说我认了之后将来谁养你呀,哥哥牺牲了,姐姐也不见了,出嫁了,我说你出来谁来养你啊,我说我不能认啊。当时啊很讲义气,乡下人对关云长讲义气特别的崇拜。她说如果是你祖母你赶快回去,赶快去读书,你不要忘记我就可以了,你就应该认,这样情况给我交了个底。那么第二次又去到了法院审,这次我就根据姑妈的劝告认了祖母。当时祖母也很感动,把身上的钱都给我姑妈。"

新中国成立后,潘舜贞被彭士禄及其祖母接到海丰彭家居住。后重回故乡,彭士禄每年寄钱给她作生活费。下面这张照片是彭士禄夫妇与潘姑妈的合影。

该照片的背面写有"彭赤湿同志"三字,这是彭士禄出生时起的名字,彭湃牺牲后,家人和乡亲为了保护彭士禄,几经易名,这个名字也是初次被大家知道。彭士禄始终牢记老百姓给予他的照顾和保护,这让他懂得感恩和

图 1-9 彭士禄夫妇与潘舜贞姑妈合影

（图片说明：该照片为彭士禄结婚后接潘姑妈一起短暂生活期间的合影，左起马淑英、潘舜贞、彭士禄）

回报。彭士禄在接受采访时，曾多次表达对老百姓的感激之情："住了二十多家，到了每一家都对我特别的好，再穷也不会饿着我的肚子，所以这点对我是终身难忘的教育。虽然很多人我现在记不清楚了，那时年纪太小，有的住的时间很短，但到哪一家都是老百姓，起码叫我吃饱饭，能够保护我，都编各种口供来俺护我，这点对我的影响一辈子都忘不了。所以我就感觉到这么穷苦的老百姓在那么困难的情况下，还那么爱护保护我这个遗孤，的确是我心中受到的最大的教育，好像工作一辈子、几辈子都还不完这个恩情。"

年幼的彭士禄对革命和斗争问题懵懵懂懂，但他所经历的事情、所听到的故事已经在他心底埋下了反抗的种子，就等发芽开花的那一天。这段历史铸就了彭士禄最基本的性格：善良、正直、大公无私。可以说，他从来就没有过"私"字这个概念。在延安中学时，发了津贴，他就买红枣给大家一起吃，今天你吃我的，明天我吃你的。彭士禄当了副部长，东西还常常被拿去"共产"，从鞋子、衣服、打火机到烟、酒、茶，谁需要谁就拿去。他总是关心别人。在四川，一位同志家庭生活困难，他送去了 150 元；他和工人、技术员关系特别亲密。在武汉，一位技术员的母亲去世了，他也让妻子送去 100 元。他出国回来，彩电票和美元让给司机去买。在北京，一位出色的技术工人患了心脏病，正在住院。这位工人师傅要见老领导彭部长，他得知后立即驱车百余里前去探望。彭士禄深深敬重这位工人师傅，他们是上下级，又是挚友。

香港初尝学习滋味，东江纵队的小游击战士

出狱后的彭士禄随着祖母周凤乘潮汕铁路火车到了汕头，暂住在陈卓凡[①]家，为免再次出现变故，陈卓凡安排祖孙两人由码头乘船来到香港。彭士禄到香港后与祖母一起住在彭泽民[②]家，祖母深受其父亲的影响，对教育非常重视，一来到香港便想尽一切办法让彭士禄进天主教会学校——圣约瑟英文书院读书（1937 年），因为昂贵的学费交不起，而在天主教学校读书则不要钱。这个学校由于是全英文授课，彭士禄主要学的是英语，当时上小学二年级。

彭士禄上一次念书还是在潘姑妈家的短短几个月，而在香港的小学教育也只是两年。很难想象现如今已成为中国工程院院士的彭士禄在出国之前只在国内接受过零星的两年小学教育，两年断断续续的初、高中教育，三年并不连贯的大学进修。

动荡的时局，父亲、母亲等亲人过早牺牲，此时的彭士禄并没有意识到教育的重要性，他认为有更重要的事情等着他去做。

1938 年 10 月 12 日，日本侵略军在大亚湾登陆，国民党守军一触即溃，21 日，日军侵占广州，东江下游和广州地区沦为敌占区。广东东江，是我党第一、二次国内革命战争时期开展武装斗争的重要地区，抗战爆发后，这里的人民响应中国共产党的号召，积极开展抗日救亡运动，组织抗日自卫队、壮丁常备队等民众抗日武装，进行抗日武装斗争的准备。当日本侵略者的铁蹄踏进东江土地时，惠阳、东莞、宝安、增城等地的人民，在中国共产党的

---

① 陈卓凡，原名万安，爱国民主人士。早年赴日本留学，就读于东京早稻田大学政治经济科，与彭湃等人组织赤心社。

② 彭泽民，爱国民主人士、著名老中医、中国农工民主党的组织领导者，是南洋最早追随孙中山先生的革命党人之一，和彭湃一起参加南昌起义。"文革"时期，彭士禄夫妇还曾将彭泽民夫人接到北郊第七研究院的住处暂住和照顾，两家感情甚为深厚。

领导下,纷纷拿起武器,奋起抗击敌人。日军在大亚湾登陆的第二天,八路军驻香港办事处主任、中共广东省委委员廖承志同志,根据党中央关于要在东江敌后开拓抗日游击区的指示,召集中共香港市委书记吴有恒和曾生(当时任中共香港海员工作委员会书记)研究回东江开展敌后抗日游击战争的问题。10月24日,曾生和谢鹤筹、周伯明同志带领一批党员和积极分子回到惠阳县坪山,组建中共惠(惠阳)宝(宝安)工作委员会,组织人民抗日武装。部队在斗争中迅速发展,到1939年年底,在惠阳县的坪山和宝安县的龙华,乌石岩建立了抗日游击基地,初步打开了东江敌后抗日游击战争的局面①。1943年12月2日,东江纵队成立以前,部队主要活动在广东东江地区,故常称"东江人民抗日游击队"或简称"东江游击队"。1943年12月2日,根据中共中央指示,广东人民抗日游击队东江纵队宣布成立。

1939年,彭士禄的堂哥彭雄来拜访祖母,彭雄是广东东江纵队游击队队长。当时彭士禄还在读小学二年级,彭雄跟彭士禄家人讲述着自己的战斗经历。抗日战争爆发后,抗日群众运动轰轰烈烈。彭士禄听了后,一心想参加革命,为父母报仇。当听说广东东江抗日游击队是共产党领导的,打仗很厉害,便开始有意识地关注东江纵队的情况。

彭士禄虽有意参加东江纵队,但祖母不同意,趁祖母回海丰之际,便和堂兄彭科秘密商量离港参加东江纵队。第一个要解决的是路费问题。从香港到东江要过海,过海得坐船,拿什么钱来买船票呢?两人一合计,把彭士禄上学用的英语书背到旧书摊上,换回的钱刚好够买两张船票。那时,英语书很贵,穷孩子上学,都是到旧书摊上买旧的用。彭士禄的这些英语书本来就是从旧书摊上买的,读完两个年级,书还是好的。年幼的两个孩子是如何找到的游击队,彭士禄在口述中描述得颇为幽默:"先从香港到了九龙,坐火车到了深圳。正在等船渡的时候,看到一个老太太,看我们两个学生样子打扮,就问我们小弟弟呀你们到哪里去。我们就很大胆,我说我们要去参加东江纵队打日本。老太太就问你们要参加东江纵队呀,我说是啊,你们知道怎么走吗,我们知道在平山,怎么走我们不知道,慢慢问路呗。啊,你不要,你跟我走吧,真是

---

① 《东江纵队志》编辑委员会:《东江纵队志——纪念东江纵队成立60周年》。解放军出版社,2003年。

怪,碰上个老太太,她说我的儿子就在东江纵队,我去看他,你知道我这个篮子鸡蛋和猪肉、发糕一篮子,我要去你们不知道就跟我走吧。就跟着老太太,真奇怪,就跟她走了。从这之后我就再也不信天主教了,你看天主也没保佑我啊,是这么个红军游击队的妈妈带我们去,因为我们从来没有求天主。"

1939 年 7 月,彭士禄和彭科到了惠阳的坪山找到了堂兄彭雄。堂哥领他俩见司令员曾生①,游击队领导也被他们的决心感动了,让他们当上了特务队员,站岗、放哨。这期间,彭士禄患严重的疟疾,还是党组织找到了他,派人把他送到香港。为了防止他再次"逃跑",便把他安置在香港地下党负责人连贯家里。那时的彭士禄才 14 岁。

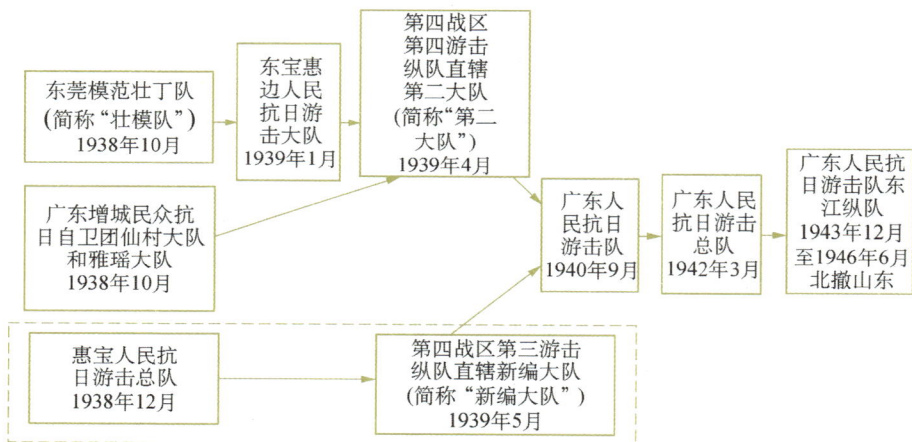

图 1-10 东江纵队队名沿革②

(图片说明:虚框区域就是彭士禄当时所参加的东江纵队)

身体康复后,彭士禄就又背着书包上学去了,这一次读的是中文小学九龙南方书院,彭士禄当初在香港教会学校读完了小学一年级和二年级,考虑到年龄因素,彭士禄在这开始读五年级。一学期下来,全班 30 多个同学,彭士禄考了第一名。当时彭士禄所在的学校校长是位地下党员。一天,校长把彭士禄叫到了办公室,念起他的成绩单:"算数 100 分,英语 100 分,自然

---

① 曾生,东江纵队的创始人,曾生时任惠阳人民抗日游击纵队长,当时纵队政治委员为周伯明。

② 《东江纵队志》编辑委员会:《东江纵队志——纪念东江纵队成立 60 周年》。解放军出版社,2003 年。

98 分,国文 40 分",随后很严厉地说"我没见过这样的第一名"。原来彭士禄的语文不及格。其实,这也是不能怪彭士禄的。除了在潘姑妈家里读书时认得了一些字后,在教会学校每天念的都是英语。进了中文学校,都是些"之乎者也",又是五年级,彭士禄的语文自然是跟不上的。据彭士禄回忆,当时校长还念了一首诗:

> 莲花银瓶耸奇峰,
>
> 龙津水浅起潜龙。
>
> 且待中华腾飞日,
>
> 再谱新曲慰农工。

念罢又问彭士禄:"你知道这是谁写的吗?"彭士禄听得一头雾水,茫然地望着校长。校长说了两个字"彭湃"!

那时,彭士禄只知道父亲是搞革命运动的名人,不知道父亲还能写诗。随后校长告诉彭士禄:"你的爸爸毕业于日本早稻田大学,能说一口流利的日语,可是他没有把老祖宗忘了。他有很好的古文功底,这首诗就是他从日本回来,和你妈妈迁居到得趣书室时写的。诗中抒发了他为民奋斗的豪情壮志。他还写了好多诗词文章,等你把国文补习好了,才能读得懂。"①

为了能读懂父亲写的诗词文章,彭士禄在随后的暑假没有休息,开始在校长的帮助下认真学习国文。7 月的香港,酷暑闷热,两人坚持每天补习国文,彭士禄天资聪颖,校长又精于点拨,他的国文很快就过关了。

彭士禄生病期间,他的医生是澳门镜湖医院院长柯麟,也是海丰人,上学时比彭湃低几个年级,受彭湃影响参加革命。国文补习过关后,他带彭士禄到澳门的海滩休养。当时,柯麟在澳门的海滩租了一段专供游泳使用的棚子。在这里一边和国民党及各界上层人士周旋,一边接待党内的同志,并让一些为革命积劳成疾的战友在这里治病和疗养。一天,柯麟对彭士禄说,你得马上回香港,有人带你去延安。原来,有几个从马来西亚回来的华侨青年路经香港,

---

① 黄格:《吃百家饭的孩子》。四川少年儿童出版社,1999 年。

要取道桂林、重庆投奔延安去参加抗日，组织上便安排彭士禄跟他们同车先到桂林。同行的人中有李克农的女儿李冰，连贯让彭士禄认彭光涵为哥哥，并将彭士禄的名字由彭保禄改为彭士禄。由彭光涵带队，朝行夜宿，奔往桂林。

本章附录一：彭湃在早稻田大学的学籍表和成绩单①

---

① 彭湃的学籍表和成绩单最初是广州外国语学院曾托早稻田大学实藤惠秀教授找到的，现在复制件在广州外国语学院可查询。

専門部政治経済科 一年進級試験成績

二年

三年

学科	壹期	貳期
	60	
	60	
	60	
	60	
	60	
	56	80
	24	80
		85
	80	75
総計	515	
平均	64.9	
席次	143	

学科	壹期	貳期
	68	
	40	
	65	
	50	
	70	
	61	
	70	65
	70	
総計	419	
平均	59.81	

学科	壹期	貳期
	60	
	60	
	70	
	55	
	75	
	65	
	55	
総計	440	
	628	
	600	
	643	
	628	

第二章
赤子之心　闪耀延安

见到周恩来，找到组织

1940 年秋，组织安排彭士禄去延安，在到达延安之前，彭士禄先到了桂林，被送到一个由中共地下党办的小学校，学校的位置在桂林市郊的一个祠堂里。彭士禄跟着一位女教师学习"官话"，也就是我们现在所说的普通话。后来彭士禄称呼这位女教师叫姨妈，这位姨妈就是贺子珍的妹妹——贺怡。贺怡一直跟着姐姐贺子珍参加革命，在广东做地下工作时，被敌人抓住。敌人对她百般折磨。后来几经周折，才被营救出来送到桂林。所以她的样貌看起来十分憔悴和苍老，实际上她才只有 20 多岁，只比彭士禄大不到 10 岁。生活上，彭士禄也得到贺怡无微不至的照顾。彭士禄学习、生活、工作的地方很多，直到现在他所说的"普通话"还很难让人听懂。如今，每逢家里有访客，女儿彭洁都会在旁边做"翻译"工作。不然，大多情况下客人是听不懂的。

1940 年年末，周恩来派副官龙飞虎将彭士禄和另外几名烈士子女接到重庆，于年底转送到延安。周恩来和彭湃是好朋友。1924 年 9 月，周恩来从法国回到广州,是彭湃到码头上去迎接的,还把自己的房子让给周恩来住。1925 年,周恩来率黄埔军校学生军东征,两次到达海丰,都把指挥部设在彭湃家白色的小洋楼里。1926 年,彭湃最重要的著作《海丰农民运动》出版,周恩来亲笔题写了书名。1927 年,周恩来和彭湃一起领导南昌起义,1928 年,彭湃奉命调到上海,在周恩来的领导下一起在当时的上海党中央工作。彭湃牺牲前在狱中给周恩来写信,要求牺牲自己,设法解救别人。彭湃牺牲时,周恩来悲痛万分,发出了告全国人民书《中国共产党反对国民党屠杀工农领袖宣言》。彭湃牺牲前写给周恩来的书信内容如下:

> 冠生(周恩来)暨家中老少:我等此次被白害,已是无法挽救。张、梦、孟都公开承认,并尽力扩大宣传。他们底下的丘(指士兵)及同狱的人,大表同情。尤其丘等听我们话之后,竟大叹气而捶胸者。我们在此精神很好,兄弟们不要因为弟等牺牲而伤心。望保重身体为要! 余人还坚持不认。揆(杨殷)、安(彭湃)。

途径重庆时,在曾家岩中共代表团驻地,彭士禄第一次见到了周恩来和邓颖超,周恩来向彭士禄提出"继承先烈遗志,好好学习,努力为革命工作"的希望。后来彭士禄在回忆这段经历时还记得周恩来对他说过的话:"终于找到你了。你很多地方长得像你父亲。你知道吗,15 年前我到广州,是你父亲接我的。你父亲让我睡他的床。你父亲很会开玩笑。"

刚到延安的时候,彭士禄不会讲普通话,他被送进"泽东青年干部学校",后又被分配到"泽东青年干部学校"的少年班。青年干部学校组织的儿童剧团,经常下乡宣传,演话剧,导演让他扮国民党兵,说只要他抱着枪从舞台一边跑向另一边就可以了。彭士禄当时却怎么也想不通:"我从小受国民党迫害,我怎么能演国民党兵呢? 真倒霉!"但转念一想,这是组织上交给的任务,需要我演,我就得演好! 于是他认真的扮演了这个角色,其实不过是拿着一杆大枪从后台跑出来,从台的这一边跑到那一边,又慌慌张张地逃跑到后台。这就是他经历的演员生活。

1941 年 12 月,恰好苏联有飞机到延安,党组织要把一些干部子女送到苏联去，其中就有彭士禄。青年干部学校马上派毛驴到乡下，在安塞那边找到彭士禄并送回延安，赶回来时，飞机已经走了，错过了第一次去苏联留学的机会。

也许因为经历过太多的苦难，一到延安，彭士禄就显得很成熟。和他先后到达延安的那一批烈士遗孤和干部子女，虽然也都穿上了军衣，个个成为一名小战士，却时时流露出孩子的天真和稚气。他们无拘无束，每逢星期天或节假日，大多是中央首长家中的座上宾、小食客。这中间却很少见到彭士禄，他独自一人留在学校里读书或劳动。周恩来、叶剑英、蔡畅、帅孟奇等许多革命前辈都很关心他，经常叫他去玩，他却很少去。他不愿意给首长们增添麻烦。有一次，邓发、贺龙在党校吃狗肉，专门派警卫员来叫他，他才跟着去了。

延安的优秀学生、模范护士

1941 年 9 月，中共中央政治局决定将陕北公学、中国女子大学、泽东青年干部学校合并为延安大学，延安大学坐落在革命圣地延安，是由毛泽东同志亲自命名、郭沫若同志题写校名、中国共产党创办的第一所综合性大学。吴玉章任校长。

彭士禄到了延安大学中学部学习。刚到延安中学读书时，彭士禄学习很吃力，因为他过去只读过两年书，上课都听不懂。但是彭士禄有个倔脾气，不学则已，学，就一定要学好！他的数学基础差，没学过几何就要学三角，什么 sin、cos，弄得他都糊涂了。他着急地问老师："为什么叫 sin、cos？"老师反问他："你为什么叫彭士禄？"告诉他，三角公式要下工夫死记硬背。于是，他刻苦努力，终于在期末考试时获得了"优秀"的评语。随后，彭士禄被选为小组长[①]。彭士禄所在延安中学二班的同学，大多是烈士子女、干部子女，年龄参差不齐，有的还不懂学习的重要性，往往时间抓不紧。彭士禄

---

① 具有"延安精神的人"。高等教育未来与发展，1988 年增刊（总第十二期），第 20 - 22 页。

担任第四组组长,第四组成了全校的模范小组。他们学习毛主席《在延安文艺座谈会上的讲话》,对照检查自己。彭士禄在小组会上说:"我们的父母亲经过残酷的斗争,有的流血牺牲了,才换来这个学校,要不好好学习,怎对得起自己的父母亲,怎对得起党?"[1]这番话打动了在座的每个同学。当时的同学黄鲁流着泪说,今后一定要努力学习,要大家看他的行动。同学林汉南决心改正不注意听讲的毛病。同学们还提出了"互相帮助,有问必答"的学习方法。大家在课下一起研究问题,解答疑难,做到把老师讲的每堂功课彻底消化。这样就解决了他们之间程度不齐的问题。他们小组团结一致,互助学习,共同进步,还带动了班集体。当年背的三角公式至今还清晰地印在彭士禄的脑海中。现在,彭士禄脑海中储存着许多的数学公式,他说这基础是在延安中学打下的。彭士禄有个"打破砂锅问到底"的习惯,什么都要问个为什么,理解以后再记忆,弄不懂绝不囫囵吞枣。对一个问题,他常常举一反三、反复思考、反复演算、反复验证。

当时的第四组在全校是学习模范,劳动和团结也是模范。那时在劳动生产中,一般同学纺毛线半天可纺二三两;彭士禄、黄鲁给纺车加上加速轮,半天就可以纺半斤毛线。他们的三架纺车一齐转,一周就纺了8斤毛线。谁的衣服单薄就先给谁织毛衣穿。彭士禄除了做纺车,还用马尾巴做牙刷,自制牙膏等等。彭士禄开荒种地不怕吃苦,老实肯干,像一头黄牛。他做细活也样样在行,从打草鞋、做布鞋到织毛衣、绣花。他还自己动手制作胡琴、三弦和小提琴。因为学习、劳动样样突出,彭士禄和陈湧岷被选为模范学生,陈湧岷后来成为彭士禄的入党介绍人。

1942年,中央机要处和中央医院都到延安大学中学部要工作人员。本来,学校没有派彭士禄,可他坚决要求到中央医院去当护士,还动员另一个男同学王立明与他同去。彭士禄在内科、外科、妇科、传染科都学习和工作过。他常给病人倒屎倒尿,帮助病人洗衣服,拆被子,星期天也不休息。在一年半的工作中,处处事事起带头作用,被评为中央医院的模范护士。在此期间,他由于劳累过度得了肺病,时常吐血,但仍坚持工作。后来蔡畅得知

---

[1] 具有"延安精神的人"。高等教育未来与发展,1988年增刊(总第十二期),第20-22页。

后,曾几次派人去医院接他,但他都不肯回去。医生命令他休息,他还是偷偷去帮助同志搞室外工作。直到 1943 年 8 月,中央组织部下了调令,他才不得不从医院出来,经过短期休息和治疗后,又回到延安大学中学部学习。其中还有一件事让他很得意呢!他说贾芝、李星华老师的大女儿,是他第一个抱到这世界上来的。贾芝是彭士禄在延安中学时的班主任。40 多年以后,他向贾芝老师说:"我是第一个抱你女儿的!"而贾芝对这件事竟一无所知。

1944 年,贾芝在《解放日报》上写过一篇报道——《第四组》,介绍延大中学部二年级第四组组长彭士禄同学。下附该报道当年被刊载的《解放日报》图片以及该报道的主要内容①:

第四组

延大中学部通讯

延大中学部出现了一个模范组,组长彭士禄是先烈彭湃同志的儿子。他的工作,叫人相信他不愧是一个革命先烈的后代,一九四二年,延安有过一次护士工作的动员。凡是顾及自己的人,谁甘心替病人去倒屎尿?但他说:"干部子弟应当特别吃苦耐劳",就去了。在中央医院,他成了模范护士。

彭士禄肯帮助人。在二年级,他是生产干事的得力助手。同学有病,他就亲自去请医生。几个同学的数学不好,他就耐心指点。他肯批评人。常同人谈话,直到指出缺点。有一次,听的人都疲倦了,他还是谆谆讲下去,直到深夜,到底把对方打动了。他能吃苦。遇到义务劳动,从不讲话。下雨修路,也是带头干。有一次挖井,天要下雨,没有挖成,他病刚好,却主动去了,衣服一脱就跳了下去。他工作负责。总在想着如何把小组搞好,加上肯听取别人的意见,就把第四组搞成模范了。

在选举大会上,一个小鬼介绍彭士禄:"他不是没有缺点,经验不多,年纪不大;优点可是说不完。他把四组搞得非常有名,他是和四组分不开的……"

---

① 原文刊载于 1944 年 7 月 5 日《解放日报》第 4 版。

二年级第四组之所以成为模范，是由于创造了学习上的互助办法，推动了全班。

今年二月，中学部开始上课。第四组，像别组一样，刚刚组成。10个人，互不了解。各搞各的。没有学习上的砥砺，也没有生活上的互助。有人说："在一起，倒像不在一起。"

正是冬天，要把发下的毛纺成线，织成衣。组上提出：集体搞，谁衣服单薄先给谁穿。三架纺车一齐转动，一周纺完了8斤毛。这似乎是一件平常的事，却转变了组上的涣散情况。集体劳动诱发了集体意识，四组开始团结了。

"毛主席在文艺座谈会讲话"的学习，是一次有力的思想教育。四组开了两晚检讨会，大家争着自我批评和互相批评，严肃而且认真。彭士禄说："我们的父亲经过残酷的斗争，有的流血有的牺牲了，才换来这个学校，要不好好学习，怎对得起自己的父亲，怎对得起党？"这话打动了每个人。黄鲁流着泪，说以后努力学习，要大家看他的行动。林汉南在讲述这次会时，认为他最大的缺点是上课不注意，自习抓不紧，越想越惭愧，不觉滴下泪来，一定要改正这些缺点。

检讨会上提出了"互相帮助，有问必答"的学习制度。学习情绪高涨了。但是，怎样克服组上程度不齐、爱好不一的困难呢？彭士禄不断同人研究，结果组上决定用分工合作的办法来学习。这是种尝试：每门功课至少两人负责；他们要把教员讲的搞清楚，讨论时大家提出问题，解答疑难，别人也可随时向他们质疑。不久，有的同学发生了一种依赖心理，以为既有别人负责，自己听课就不必认真，下来总会有人讲解。为了纠正这点，就改变了分工的办法，在规定的时间里，大家一块儿研究、讨论、提出问题、解答问题，自己负责自己的功课，但必须集体进行。后来，为了便于互助和检查，又把10个人分成两个小组，设两个小组长，但开会、讨论仍在一起，由彭士禄总负责。

互相帮助和集体作业，使个人都积极起来。程度好的前进了，程度差的跟上了。在这个学习热潮中，谁也不甘心落后。徐劲伍从前是工人，文化程度低，开始学习时，乱抓一把。新的方法把他的学习规律化了,他就有了很大的进步。

第四组的学习方法,很快传开来,大家都称许。第四组向班上各组提出竞赛:"要做到功课完全了解,考试都要及格,看谁的成绩好。"这个组的学习热潮推动了全班。

六月以前,生产是课余的。他们互相监督和学习,成为全班最早达到头等标准(按当时规定)的一组。最近生产期间,班上四个管理生产的人中,就有三个是四组的。从这里可以看到,四组的同学对班上有多大作用!

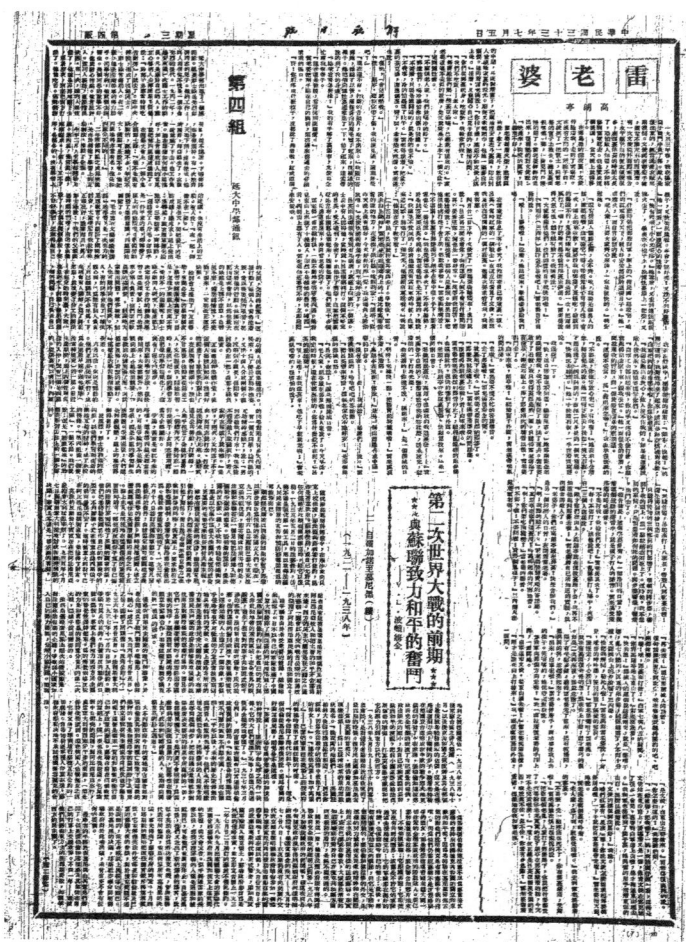

图 2-1　《解放日报》1944 年 7 月 5 日第 4 版刊载"第四组——延大中学部通讯"

有一个女同学，给四组的互帮精神感动了，说："男同志给我们打水，我也不能不赶着给人家缝被子，看人家的衣服破了就来补。"是呀，下雨天，女同志下不了山，男同志就打水、打饭，连洗脚水也打上来。徐劲伍遇见公共劳动，打冲锋，一人几乎担当了全班的重劳动。一个礼拜天，男同志一起拆洗被子，女同志赶着缝。当天全部缝好。

争论，甚至是面红耳赤的叫嚷，这在第四组是经常有的，可是争论的不是个人的意气，而是全组的学习和生活问题。争论过后，人们还是那么亲热，组上的事情都办得更好了。

就这样，彭士禄和他的第四组，以他们学习和生活的团结互助的精神，成了全校的榜样。"第四组像一个变工队"，一点不错。我们就说：这是"组织起来"的思想在学习方法上的一个小胜利。

彭士禄除了学习和劳动是模范外，他还继承了父亲不怕死的革命精神。1944年夏天，延河发大水，附近一个老乡的小男孩不幸落水，彭士禄立即脱下衣服，冒着危险将小孩捞起，虽然孩子已被淹死，但对悲痛欲绝的孩子的母亲也是一个很大的慰藉。

1939年，为促进陕甘宁边区工业生产和保证抗战胜利，中共中央决定在延安创办自然科学研究院，1940年9月，改名为延安自然科学院，这是中国共产党领导的第一所理工科高等学校。李富春、徐特立、李强先后担任院长，设有物理、化学（后改为化工系）、生物、地（质）矿（冶）4个系，学制三年。为适应教学和科学研究的需要，该院还建立机械实习厂、化工实习厂、化学实验室和生物实验室等。1943年4月延安自然科学院并入延安大学。

1944年春，彭士禄与延安大学中学部的同学转到延安大学自然科学院大学部化工系学习。在当时系主任李苏的带领下，在化工实习厂边学习边生产，支援革命根据地的生产建设。

在延安大学自然科学院学习期间，经陈湧岷和陈锦华介绍[1]，1945年8月1日，彭士禄加入中国共产党，当时"七大"党章规定党员要有预备期，由

---

① 《干部履历表》的原件存于中核集团人事处档案，复制件资料存于采集工程数据库。

图 2-2　延安自然科学院旧址[1]

于彭士禄表现突出,破例免去预备期。

1945 年 8 月抗日战争胜利后,中国共产党将战略重点转移到东北。东北地域辽阔、资源丰富,工业和交通发达,煤产量占全国的 49.5％,发电能力占全国的 78.2％,钢材产量占全国的 93％,水泥产量占全国的 66％,铁路和公路总长都占全国的 50％以上;这里的森林广袤,农产丰富,木材总蓄积量占全国的三分之一,大豆的产量占当时全世界的 60％,水稻、小麦等各种农作物广泛种植,素有"东北谷仓"之称。一旦建立起巩固的根据地,与华北解放区连成一片,无疑对于中国革命的发展极为有利。

1945 年 6 月,毛泽东在"七大"的一次讲话中,高瞻远瞩地指出:"从我们党,从中国革命的最近将来的前途看,东北是极其重要的。如果我们把现有的一切根据地都丢了,只要我们有了东北,那么中国革命就有了巩固的基地。""现在,我们的基础是不巩固的,不要以为很巩固了。为什么不巩固呢?因为我们现在的根据地在经济上还是手工业的,没有大工业,没有重工业,在地域上也没有连成一片。"毛泽东的话意味着,中国共产党把东北当作抗战后一定要夺取的首要目标。

---

① 延安自然科学院旧址。北京理工大学网站,2012 年 7 月 21 日。

随着全国战略重点的转移,1945 年 10 月,朱德总司令在八路军大礼堂接见了延安大学(包括自然科学院、鲁迅文学艺术学院等)全体师生员工。他向大家讲明了当时的形势,指出学校到新解放区去的目的和意义,同时希望大家对困难要有思想准备。延安自然科学院由副院长恽子强带队从延安出发,本打算经张家口向东北挺进。但由于形势的变化,不能去东北。经当时的晋察冀边区司令员兼政委聂荣臻请示中央后,将自然科学院留在张家

図 2 - 3　延安自然科学院沿革[1]
(图片说明:虚线所划定的区域就是彭士禄当时在延安自然科学院学习时期)

---

[1] 延安自然科学院沿革。北京理工大学网站,2012 年 7 月 21 日。

口市,与张家口工业学校合并成立晋察冀边区工业学校[①]。

1945 年 12 月,延安自然科学院拟迁往东北,到张家口时,时局发生了变化,于是在张家口留下来,彭士禄在晋察冀边区工业学校(张家口工业专门学校)化工班学习,这期间彭士禄学习炼焦技术。

当时的晋察冀革命根据地物资非常匮乏,尤其是硫酸、盐酸等用于制造炸药的军需用品。彭士禄这些从延安自然科学院过来的同学一边学习化工知识,一边从事化工、炸药的生产工作。

图 2-4　晋察冀工专旧址[②]

炼焦厂的技术员

1945 年,自然科学院迁往河北张家口时,彭士禄所在的化工系系主任李苏被分配到延安军工局搞炸药研究和生产。1946 年 4 月,李苏被调到晋察冀根据地任宣化建国冶炼公司副经理。

---

① 刘彤矢:《圣地幼苗》。教育科学出版社,1990 年。
② 晋察冀工专旧址。北京理工大学网站,2012 年 7 月 21 日。

1946 年 8 月,由于解放战争开始,大部分同学走上工作岗位,有的到了战斗部队。这时彭士禄等一批同学被派到原自然科学院化工系主任李苏①领导下的宣化炼焦厂工作。

彭士禄最早在宣化炼焦厂当见习生,学习和管理炼焦技术。由于形势的变化,他们奉命把宣化炼焦厂的设备拆迁到阜平,在那里建立炼焦厂。

1946 年 10 月,李苏负责筹建兵工七厂和化学四分厂,任厂长,组织生产火药、炸药。彭士禄等同学便跟随李苏来到炸药厂工作,他们为了支援前线,用土法生产硝化甘油。硝酸、硫酸的酸气,甚至溶液经常碰到他们手上、棉袄、棉裤上,因此彭士禄的手上至今还可看出小的疤痕。后来,由于制炸药缺乏硫酸、硝酸,他又被调到硫酸厂去生产硫酸。

1947 年 11 月河北省石家庄解放后,李苏随军进城,负责接管炼焦厂,担任厂长,组织研究生产焦化产品。李苏又带着彭士禄等人去接收石家庄炼焦厂。这时,李苏任厂长,彭士禄任技术员。彭士禄整日辛苦奔忙,还喜欢到周围老百姓家去看看。有一天,他骑车到七八里外的街道上,看见有两个相对面的小厂,一家是盐酸厂,一家是硫酸厂。因为他搞过硫酸、硝酸生产,便很有兴趣地进去看看。盐酸厂的老乡对彭士禄诉苦说,他生产盐酸需要硫酸,而对面的硫酸厂又不肯卖给他。彭士禄见此情景便对老乡说:"如果你相信我,我愿意无条件地帮助你建立一个硫酸厂。"老乡一听高兴万分,立即请他帮忙。这样彭士禄白天照常在厂里工作,晚上帮老乡建硫酸厂。他第一天晚上就画完了全部设计图,第二天晚上去找老乡,告诉他按图纸需要,买几个缸,几个壶,再买一个铁板。就这样,土法上马,仅用 15 个晚上的时间就建成一个日产 200 千克、浓度为百分之七八十以上的硫酸小厂。保证小盐酸厂用于制造弹药的急需。

---

① 李苏(1914—2005),化工专家,化学工业组织领导者之一。早年在延安自然科学院创建化学系,研制烈性炸药并参加组织军用化学品生产,卓有成绩。中华人民共和国成立后,领导化学工业科学技术与教育工作,组建化工科研机构和部属第一个高等化工院校,组织重大科研项目攻关,创建国防化工新型材料工业,以及在中国科学院推动化学基础研究工作,作出了突出贡献。

第三章
国内大学短暂停留　奔赴苏联学习

国内大学的学习经历

　　1948 年 12 月,组织安排彭士禄到哈尔滨工业大学进修。1945 年,抗日战争胜利后,哈工大由中苏两国政府共同管理,由中长铁路局领导。当时哈尔滨工业大学的办学宗旨是为中长铁路培养工程技术人员,学制 5 年,一律用俄语授课,到 1950 年新中国接管前,设有土木建筑、电气机械、工程经济、采矿、化工和东方经济等系及预科。彭士禄到化工系读预科。从 1920 年建校到新中国成立前,哈工大一直按俄或日式办学,用俄语或日语授课[1]。所以在哈尔滨工业大学一个学期的学习奠定了彭士禄的俄语基础。其实,当时党组织是安排彭士禄到苏联学习,本打算经西柏坡、沈阳、大连到哈尔滨,准备去苏联,等彭士禄赶到时飞机已飞走了,就这样错过了去苏联的机会。所以党组织才安排彭士禄在哈尔滨工业大学进修。

---

[1] 哈尔滨工业大学网站,2012 年 8 月 9 日。

1949年9月,彭士禄和延安的一批老同学进入大连工学院应用化学系学习化工机械专业,上大学一年级。开国大典那天,彭士禄和同学们围在收音机旁边,倾听着来自北京的消息。

1950年7月,大连大学建制撤销,大连大学工学院独立为大连工学院,彭士禄遂转入大连工学院化工系学习。

1951年夏,组织上通知他们到北京参加留学考试。彭士禄在北京通过考试赴苏联学习,临行前,在中南海怀仁堂,与其他赴苏留学生一起被周恩来接见,周恩来提出"我们老一辈打下了江山,现在要靠你们年轻的一代来建设社会主义和共产主义大厦了,你们一定要刻苦学习,努力钻研,学好本领,回国后为建设社会主义祖国服务"的希望。这是彭士禄第二次见到周恩来[1]。此后,彭士禄被派到苏联喀山化工学院化工机械系学习,1955年中国留学生集中到莫斯科、列宁格勒等几个大城市学习,彭士禄遂于1955年转入莫斯科化工机械学院。

赴苏联攻读化工机械专业

1951年,彭士禄开始到苏联学习,所有的留学生生活都非常艰苦。彭士禄出国留学时穿的中山装是1949年贺子珍特意给他做的一身黄色呢子中山服,这是当时彭士禄穿过的最好的衣服。

刚到喀山时,彭士禄与其他中国留学生一起学习俄语,一年后到喀山化工学院化工系学习[2]。

---

[1] 师秋朗,刘桅:彭士禄和新中国第一代核潜艇。见《心向延安——延安自然科学院校友足迹点点》,1990年,第111页。

[2] 彭士禄访谈。2012年10月。资料存于采集工程数据库。

图3-1 喀山化工学院化学机械专业学生合影

(图片说明：该照片是1951年至1955年彭士禄在喀山化工学院学习时班级同学合影，照片中第二排右一为彭士禄；第四排左三为核物理专家阮可强)

图3-2 在喀山的中国留学生合影

(图片说明：第一排左一为彭士禄夫人马淑英；第二排右二为彭士禄；第三排左三为阮可强)

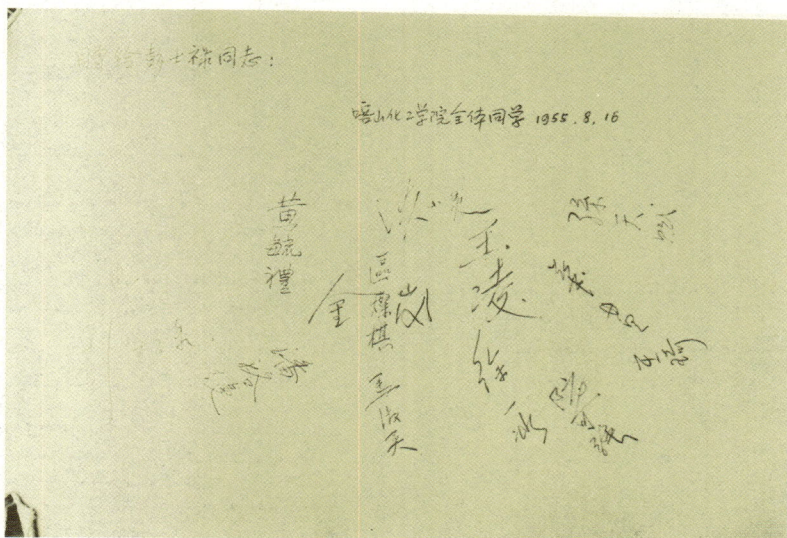

图 3-3　全体中国留学生签字留念

(图片说明:彭士禄从喀山化工学院转往莫斯科化工机械学院时全体中国留学生签字留念,赠与彭士禄同志,上有彭士禄妻子马淑英(中间偏下)、我国反应堆物理、核安全专家阮可强(右下角)等人的签字)

当时出国留学都是国家出钱,国内培养 26 个大学生的钱才能培养一个留学生。彭士禄这批留苏的学生都很能吃苦,没有在 12 点钟以前睡觉的,每门成绩都是 5 分。

1951 年到 1956 年彭士禄先后在喀山化工学院和莫斯科化工机械学院化工系学习。六年间,彭士禄共修了 36 门课程,除 3 门课程成绩为合格外,其他 33 门课程成绩均为优秀。在学期间,彭士禄还有 3 门实践课程的成绩也是优秀。最后在毕业证书上,彭士禄的成绩总评为优秀。

彭士禄在莫斯科化工机械学院撰写了毕业论文,题目是"带悬臂操控叶轮的全自动卧式过滤机离心机",该毕业论文的成绩也是"优秀",当时,每个学生的毕业论文都会有评语,图 3-5 是彭士禄毕业论文的评语,老师给予了很高的评价:

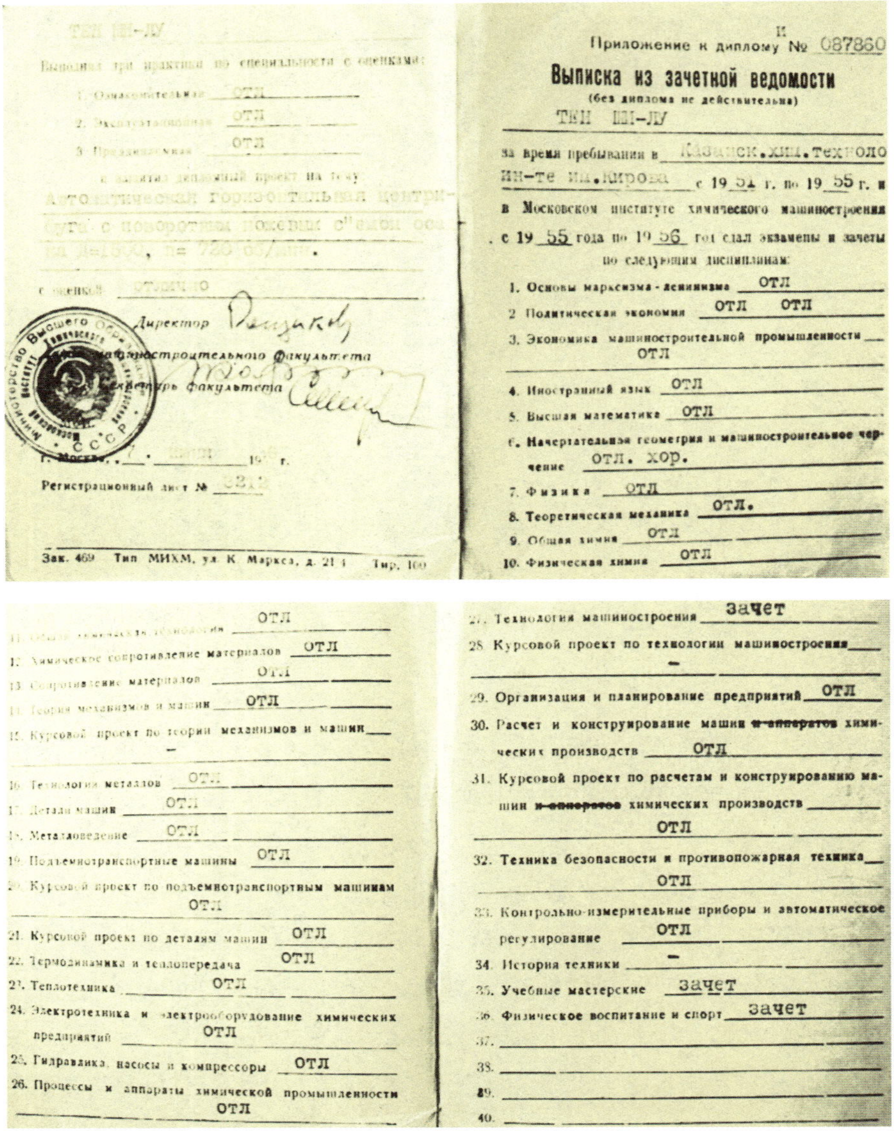
ТЕН ШИ-ЛУ

Выполнил три практики по специальности с оценками:

1. Ознакомительная ОТЛ
2. Эксплуатационная ОТЛ
3. Преддипломная ОТЛ

и защитил дипломный проект на тему:
Автоматическая горизонтальная центрифуга с поворотным ножевым съемом осадка Д=1500, n= 720 об/мин.

с оценкой отлично

Директор

машиностроительного факультета

Секретарь факультета

г. Москва, 7 . 195 г.

Регистрационный лист №

Зак. 469 Тип МИХМ, ул. К. Маркса, д. 21/4 Тир. 100

Приложение к диплому № 087860

Выписка из зачетной ведомости

(без диплома не действительна)

ТЕН ШИ-ЛУ

за время пребывания в Казанск. хим. технол. ин-те им. Кирова с 1951 г. по 1955 г. и в Московском институте химического машиностроения с 1955 года по 1956 год сдал экзамены и зачеты по следующим дисциплинам:

1. Основы марксизма-ленинизма ОТЛ
2. Политическая экономия ОТЛ ОТЛ
3. Экономика машиностроительной промышленности ОТЛ
4. Иностранный язык ОТЛ
5. Высшая математика ОТЛ
6. Начертательная геометрия и машиностроительное черчение отл. хор.
7. Физика ОТЛ
8. Теоретическая механика ОТЛ.
9. Общая химия ОТЛ
10. Физическая химия ОТЛ
11. Общая химическая технология ОТЛ
12. Химическое сопротивление материалов ОТЛ
13. Сопротивление материалов ОТЛ
14. Теория механизмов и машин ОТЛ
15. Курсовой проект по теории механизмов и машин –
16. Технология металлов ОТЛ
17. Детали машин ОТЛ
18. Металловедение ОТЛ
19. Подъемнотранспортные машины ОТЛ
20. Курсовой проект по подъемнотранспортным машинам ОТЛ
21. Курсовой проект по деталям машин ОТЛ
22. Термодинамика и теплопередача ОТЛ
23. Теплотехника ОТЛ
24. Электротехника и электрооборудование химических предприятий ОТЛ
25. Гидравлика, насосы и компрессоры ОТЛ
26. Процессы и аппараты химической промышленности ОТЛ
27. Технология машиностроения зачет
28. Курсовой проект по технологии машиностроения –
29. Организация и планирование предприятий ОТЛ
30. Расчет и конструирование машин ~~и аппаратов~~ химических производств ОТЛ
31. Курсовой проект по расчетам и конструированию машин ~~и аппаратов~~ химических производств ОТЛ
32. Техника безопасности и противопожарная техника ОТЛ
33. Контрольно-измерительные приборы и автоматическое регулирование ОТЛ
34. История техники –
35. Учебные мастерские зачет
36. Физическое воспитание и спорт зачет
37.
38.
39.
40.

图 3－4　1956 年彭士禄毕业时的成绩单(1956 年 6 月 7 日)

(图片说明:该组照片是 1956 年彭士禄毕业时,莫斯科化工机械学院毕业生的成绩附页,该成绩包括了 1951 年至 1955 年在喀山化工学院、1955 年至 1956 年在莫斯科化工机械学院的共计 36 门课程的成绩。该附页同时记录有彭士禄毕业论文的题目和成绩。“ОТЛ”意为“优”)

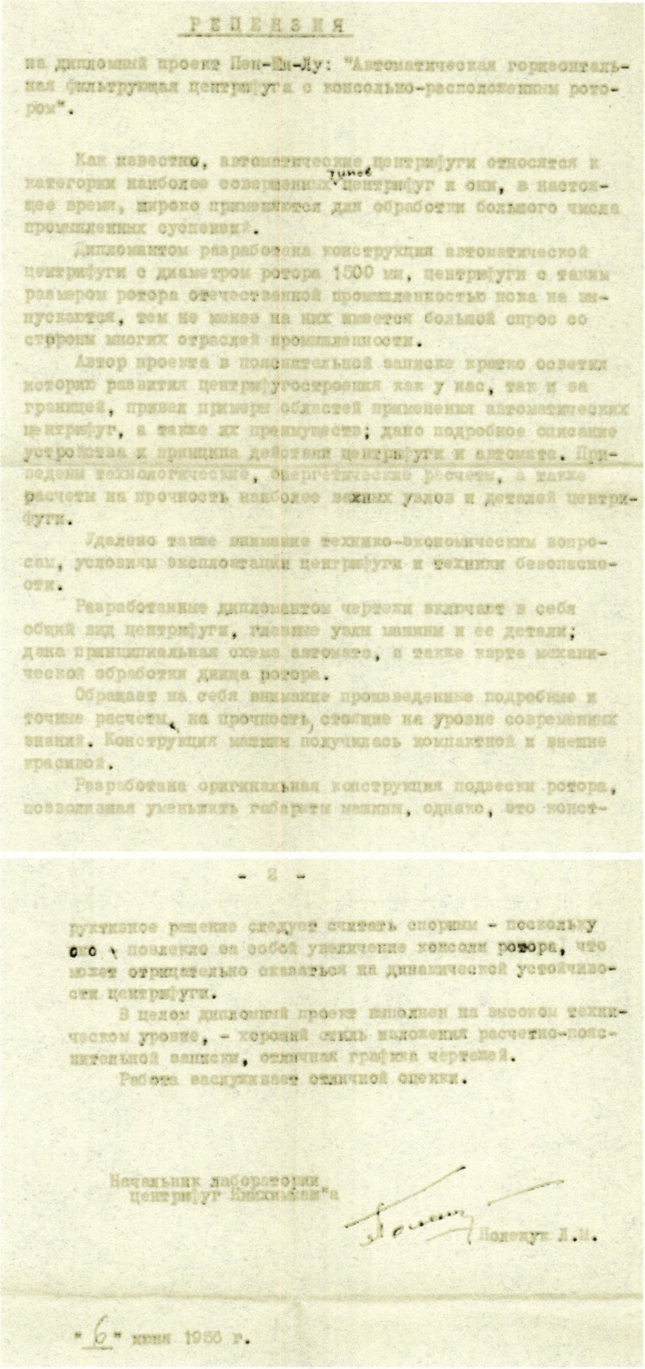

РЕЦЕНЗИЯ

на дипломный проект Пен-Ши-Лу: "Автоматическая горизонтальная фильтрующая центрифуга с консольно-расположенным ротором".

Как известно, автоматические центрифуги относятся к категории наиболее совершенных центрифуг и они, в настоящее время, широко применяются для обработки большого числа промышленных суспензий.

Дипломантом разработана конструкция автоматической центрифуги с диаметром ротора 1500 мм, центрифуги с таким размером ротора отечественной промышленностью пока не выпускаются, тем не менее на них имеется большой спрос со стороны многих отраслей промышленности.

Автор проекта в пояснительной записке кратко осветил историю развития центрифугостроения как у нас, так и за границей, привел примеры областей применения автоматических центрифуг, а также их преимущества; дано подробное описание устройства и принципа действия центрифуги и автомата. Приведены технологические, энергетические расчеты, а также расчеты на прочность наиболее важных узлов и деталей центрифуги.

Уделено также внимание технико-экономическим вопросам, условиям эксплуатации центрифуги и технике безопасности.

Разработанные дипломантом чертежи включают в себя общий вид центрифуги, главные узлы машины и ее детали; дана принципиальная схема автомата, а также карта механической обработки днища ротора.

Обращает на себя внимание произведенные подробные и точные расчеты на прочность, стоящие на уровне современных знаний. Конструкция машины получилась компактной и внешне красивой.

Разработана оригинальная конструкция подвески ротора, позволяющая уменьшить габариты машины, однако, это конст-

— 2 —

руктивное решение следует считать спорным — поскольку оно повлекло за собой увеличение консоли ротора, что может отрицательно сказаться на динамической устойчивости центрифуги.

В целом дипломный проект выполнен на высоком техническом уровне, — хороший стиль изложения расчетно-пояснительной записки, отличная графика чертежей.

Работа заслуживает отличной оценки.

Начальник лаборатории центрифуг ВНИИхиммаш'а

Полежук Л.М.

"6" июня 1956 г.

图 3-5　彭士禄在莫斯科化工机械学院的毕业论文评语
（图片说明：该组照片是彭士禄 1956 年毕业于莫斯科化工机械学院时所完成的毕业论文的成绩和评语）

毕业论文《带悬臂操控叶轮的全自动卧式过滤机离心机》评语的中文内容大致如下[①]：

全自动离心机属于最完善的离心机范畴，当今被广泛用于大量工业悬浮体的加工。

论文作者研究对象为叶轮直径为 1 500 毫米的自动离心机，具有这种尺寸叶轮的离心机暂时尚未实现国产化，而且许多工业领域对该类产品的需求却很大。

论文作者在注释中简要介绍了本国及国外离心机制造的发展历史，列举出了全自动离心机运用领域的实例，以及其使用优势；对离心机和自动机的设备和作用原理进行了详细描述。对离心机的技术和能量以及其最核心构成和细节强度进行了测算。

还对离心机的技术经济问题、研发条件和安全技术进行了关注。

论文作者制订的图纸包括离心机的概观、机器的主要构成及其细节；自动机示意图，以及叶轮底部机械制造图。

注重对建立在现代知识基础上的强度的细致和准确的测算。机器结构紧凑、外表美观。

作者提出了独特的叶轮悬浮设计，可以减少机器的外形尺寸，但是这种结构引起了争议——因为可导致叶轮悬臂的增大，进而对离心机的动态稳定性产生不良影响。

总体上，论文写作的技术水平较高，测算注释章法良好，图纸绘制优秀。

论文评价优秀。

实验室主任
1956 年 6 月 6 日

---

① 彭士禄毕业论文的评语由北京理工大学化工机械专业老师和黑龙江大学俄语专业博士共同翻译。中俄有关化工机械专业课程的名称和译法有差异，偏颇之处恳请指正。

综合彭士禄的课程成绩和毕业论文成绩，彭士禄在毕业时以全优的学习成绩在莫斯科化工机械学院获得了“优秀化工机械工程师”的称号。

彭士禄在国内读书期间，从香港的教会学校、延安大学中学部、延安自然科学院、哈尔滨工业大学、大连工学院，从小学到大学各阶段的学习都没能够连续，多为进修性质，所以一直没拿过毕业证和学位证。直到去苏联留学从莫斯科化工机械学院毕业时终于以优异的成绩获得了毕业证，不过当时算是本科。1998 年 3 月 17 日，莫斯科国家教育部门（相当于国内的教育部）给彭士禄发来了一封证明信，证明彭士禄 1951 年至 1955 年在喀山化工学院以及 1955 年至 1956 年在莫斯科化工机械学院的学习经历被认定为工程硕士学位。所以 1998 年以前中核集团的人事档案对彭士禄的学位记录一直为“本科”，1998 年以后彭士禄的干部履历表上有这样的记录：学历，本科；学位，硕士①。

彭士禄在 1951 年至 1956 年留苏期间学的是化工机械专业，之前在国内大学学习和进修时所选的专业也是化工机械。在留苏前，彭士禄也在工厂做过炸药的试验和生产。这些知识与实践的储备在研制核潜艇动力装置试验时都派上了用场，发挥了很大作用。比如，惯性制导装置在装艇的时候出

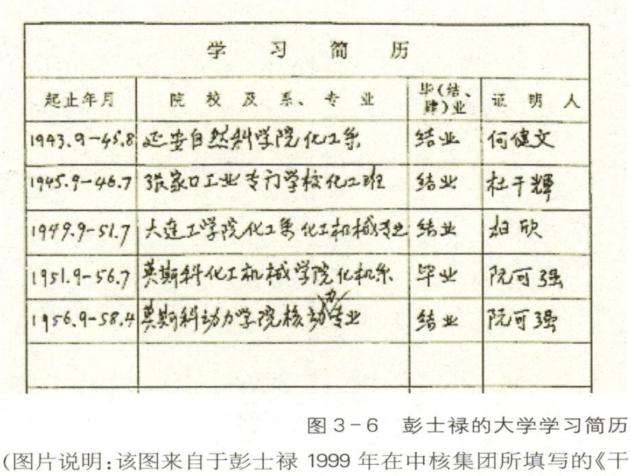

学习简历

起止年月	院校及系、专业	毕（结、肄）业	证明人
1943.9–45.8	延安自然科学院化工系	结业	何健文
1945.9–46.7	张家口工业专门学校化工班	结业	杜于辉
1949.9–51.7	大连工学院化工系化工机械专业	结业	[illegible]欣
1951.9–56.7	莫斯科化工机械学院化机系	毕业	阮可强
1956.9–58.4	莫斯科动力学院核动力专业	结业	阮可强

图 3－6　彭士禄的大学学习简历

（图片说明：该图来自于彭士禄 1999 年在中核集团所填写的《干部履历表》）

① 《干部履历表》的原件存于中核集团档案室，复制件存于采集工程数据库。

图 3-7　彭士禄的优秀化工机械工程师证书
（图片说明：此证书是由 1956 年 6 月 7 日莫斯科化工机械学院颁发）

图 3-8　1998 年 3 月 17 日莫斯科国家教育部门寄给彭士禄的硕士学位证明书
（图片说明：该图是 1998 年 3 月 17 日俄罗斯国家教育机构颁发的学位证明书，证明彭士禄1951 年至 1956 年在喀山化工学院和莫斯科化工机械学院的学习经历被认定为工程硕士学位）

现了问题，安装不上，这个时候如果重新设计再安装，时间来不及，彭士禄就和技术人员彻夜研究，终于想了个法子，在结构上稍加改动，就圆满地解决了这个问题。这样的例子很多，可以说方方面面都会有意想不到的问题，这个时候是最考验彭士禄的。

结缘核动力

就在彭士禄学习化工机械专业时，此间，美国发生了一件影响世界的事件。1954 年，美国核潜艇试验成功，它仅使用高尔夫球大小的铀块做燃料,就能一次航程6万海里。如果以柴油为燃料,则需要装90节火车皮。

20世纪50年代中期,国际核技术和核武器发展迅猛:英国爆炸了原子弹、美苏爆炸了氢弹、美国的核潜艇服役、苏联第一座核电厂建成……在这种形势下,促使我国在制定1956—1967年科学技术发展远景规划中,把原子能工业列为第一项重点任务,"二五计划"也不例外。1956年,我国还成立了原子能事业部,1958年改称第二机械工业部。

由于新中国成立初期各大学都没有核技术专业,到20世纪50年代后期才开始在清华大学、上海交通大学和哈尔滨军事工程学院创建核技术专业。到1960年代我国才逐步培养出自己的核技术专业的学生。

我国最初的核技术方面的人才,主要来自两个方面,一是新中国成立前赴西欧、北美的留学人员,如大家知道的朱光亚、钱三强、王淦昌、邓稼先、黄纬禄、彭桓武等人,他们主要是在我国原子弹、氢弹的研制上,包括战略导弹核潜艇搭载核武器方面做出了巨大贡献。他们都被授予"两弹一星"之功勋;另一方面人员是刚解放派往苏联学习的科技人员。这些在苏联学习核技术回来的留学生,后来成为我国研制核潜艇和核电站的技术骨干力量。

1956年,正当彭士禄准备回国之时,恰逢时任国防部副部长的陈赓大将访苏,他那时同时兼任中国人民解放军哈尔滨军事工程学院的首任院长,他召集彭士禄这一批即将毕业的八九名留学生到驻苏使馆参加座谈。在这次座谈会上,陈赓传达了周恩来的意见,让一批中国留学生改行学原子能、核动力专业。陈赓问刚毕业的彭士禄:愿意改行吗?彭士禄毫不迟疑地回答:"当然愿意,只要祖国需要!"彭士禄继续留苏在莫斯科动力学院进修原子能动力专业。在与彭士禄院士几次交流过程中,他都表示出"只要祖国和组织需要,我随时待命"的精神。

当时参加座谈会的有彭士禄、阮可强、蒋滨森、韩铎等人。这样,连同从国内来的30多人,共有40人左右被派往莫斯科动力学院核动力装置专业进修深造,这些人后来都从事了潜艇核动力的研制工作。

彭士禄在苏联学习期间,正是中苏关系"黄金阶段",苏联专家和苏联教

图 3-9　莫斯科动力学院中国留学生合影

（图片说明：1956 年至 1958 年，彭士禄、阮可强等毕业于莫斯科化工机械学院的留学生和国内来的十几名中国留学生一起到莫斯科动力学院进修核动力专业，第四排右二为彭士禄；最后一排右二为阮可强）

授对中国留学生不遗余力地教授知识。彭士禄记得巴吉教授和女教授索科娃等专家为他们讲授了关于物理、核动力专业的 20 多门课程。苏联教授每授一节课，除苏方付给工资之外，中方还要付给 80 卢布的报酬。当时苏联和美国的核技术理论水平差不多，进度上比美国稍晚一点，所以彭士禄这批学习核动力专业的留学生得到了正规的、系统的、深入的培训。他们珍惜点滴时间，以高度的使命感争分夺秒地发奋学习，很快就掌握了反应堆物理、热工、水力、控制、屏蔽等理论知识。

在莫斯科动力学院学习期间，老师还带着他们去参观莫斯科附近的原子能研究所的一个核电站，帮助他们完成核动力、核电站等学科设计。这个核电站当时是苏联的、也是世界第一座核电站——奥布灵斯克石墨轻水堆核电站。虽然当时是走马观花地看，但给彭士禄的震撼是很大的，因为学习核动力知识和见到核动力装置，感觉是完全不同的。

图 3-10　彭士禄在莫斯科动力学院结业证明

(图片说明:该组照片是 1958 年 2 月 21 日彭士禄在莫斯科动力学院进修结业时的毕业证明和所修的课程,课程按编号顺序:1.核动力装置 2.材料过程 3.物化 6.核物理 8.热学 9.物质结构 12.反应堆热计算)

莫斯科之恋

　　彭士禄在喀山就读时,是中国驻喀山留苏学生支部的书记。一天,他接到中国驻苏大使馆的电报,让他到车站去接一个叫马淑英的中国留学生。到了车厢一看竟是一个漂亮的小姑娘,彭士禄帮她卸下行李,又帮她在就读的喀山化工学院办妥了一切手续。刚到苏联的马淑英什么都不了解,有什么不懂的都去找彭士禄,久而久之两人就有了感情。二年后,中国留学生收缩到莫斯科、列宁格勒等几个大城市,彭士禄和马淑英一起到了莫斯科。马淑英被分配到门捷列夫化工学院,彭士禄在莫斯科化工机械学院,并在莫斯科确立恋爱关系。对于两人的从初次见面到成为夫妻,彭士禄在接受采访时有这样的描述：

　　跟我的夫人马淑英之前是不认识的，她来苏联留学，组织上派我去火车站接她，对一个来学习的留学生，她到苏联什么都不知道，什么事情都找我来安排，吃呀住呀，长得又漂亮，人也很聪明，接触时间长了，就有了感情，就建立起恋爱关系了。她比我晚2年，1953年去的，后来我从莫斯科化工机械学院去莫斯科动力学院进修2年，所以我们是同年1958年回国，我是4月回国，她是6月回国。老伴曾经在做化学实验的时候发生了爆炸，脸受了些伤，脸上包了一层又一层厚厚的纱布，她说假如自己脸上长大麻子了怎么办，我说不嫌弃她，还会娶她。

　　彭士禄现在身体不大好，记忆力减退，留苏期间的许多事情都不记得了，当时教过他的老师和教授他只记得有个叫巴吉的，但是对于与夫人马淑英之间的许多事情他记得清清楚楚，而且叙述的时候精神奕奕，每每提到马

图3-11　彭士禄与马淑英在莫斯科留学时期的合影
（图片说明：照片背景为莫斯科红场）

淑英都面带微笑,满面的幸福。

　　彭士禄在 1956 年继续攻读核动力专业之前有过短暂的回国探亲的机会,1956 年 7 月的一天,彭平①突然接到彭士禄的来信,让她立刻到北京去。彭平带着女儿坐火车到了北京,三轮车拉着他们差不多转了半个北京城,才找到了××代号的彭士禄的单位。那时彭士禄刚从苏联喀山化工学院毕业,继而组织安排攻读原子能核动力,这次是暑假回国探亲。这时他已 31 岁,还没成家。彭平问他"怎么还不找对象结婚?"他淡然一笑说:"哪里顾得上? 不过,姐姐你不用着急,到时候我就给你领一个弟妹回来。"后来彭平才知道,彭士禄正在谈恋爱,对象是留苏学生。

　　两人于 1958 年先后回国后不久就结婚了。婚后,马淑英一直支持彭士禄的核动力研究工作,更是在 1969 年牺牲了自己热爱的教育事业,跟着彭士禄举家来到四川的大山沟转行也干起了核科技工作,参加并见证了舰艇核动力装置反应堆启堆和达到满功率的全过程。

图 3-12　彭士禄与马淑英的结婚证
(图片说明:该结婚证是北京市西单区人民委员会颁发给两人的结婚证,一式两份)

归　　国

　　1958 年 4 月,彭士禄以优异的成绩修毕归国,当时被分配到核工业部原子能所工作,主要搞屏蔽堆。彭士禄获批技术 6 级工程师,并任俄语翻译。当时一起回来的其他人也都分到核工业或核技术研究的各个重要岗位,以

---

① 彭平,彭湃的哥哥彭汉垣之女。

后有一少部分人又转到核潜艇核动力的研制上来。对于回国初期,彭士禄只能做简单的描述:

> 回国后,分配到了原子能科学院,当时叫原子能研究所,所里有个核动力研究室,叫 47 - 1 室,我当时在那当副主任,当时评级很严格,评上一、二、三级才能当教授,四、五、六级是副教授,副教授不能当正主任,我回国后评了技术六级,相当于副教授所以只能当副主任。

此时,与彭士禄专业有关的一个重大战略决策正在酝酿。1958 年 6 月 27 日,聂荣臻向国务院和毛泽东主席提交了《关于开展研制导弹原子潜艇的报告》,将核潜艇列入中央专委的重点项目。

核潜艇研制工程在党中央、国务院直接领导下,集中国防科委、海军,一、二、三、四机部,冶金部、化工部、物资部以及高等院校展开攻坚战。在这项“09 工程”的事业中,二机部(核工业部)原子能研究所主攻核动力。一批经过挑选的业务骨干充实进来,其中就有刚留学归来的彭士禄。核动力堆设计小组 10 余人时常带上馒头和咸菜钻进北京图书馆、中国科学院档案室,从开馆一直待到闭馆。

当时,国内核反应堆方面的资料几乎没有,全是外语资料。彭士禄不仅将在苏联学习时使用的书籍全部带回来,而且在回国之前购买了大量的俄文参考资料,共计 30 余本,整整一大箱。后又托人从苏联购买俄文资料。彭士禄家里的俄文书籍上都有彭士禄的中俄签名以及日期,时间从 1951 年到 1965 年,共计 50 余册。彭士禄在回国工作之后,根据工作的需要,经历了北京到四川、四川到武汉、武汉到北京等几次大的搬迁和在北京几次搬家,每次搬迁或搬家都会舍弃掉大量的生活用品和家具,甚至一些书信都没办法留存,唯独这些俄文书籍却都完好地保存下来。这些珍贵的书籍能够反映当时原子能学科的知识结构和水平,彭士禄的家属将这些资料全部捐给中国科协馆藏基地。

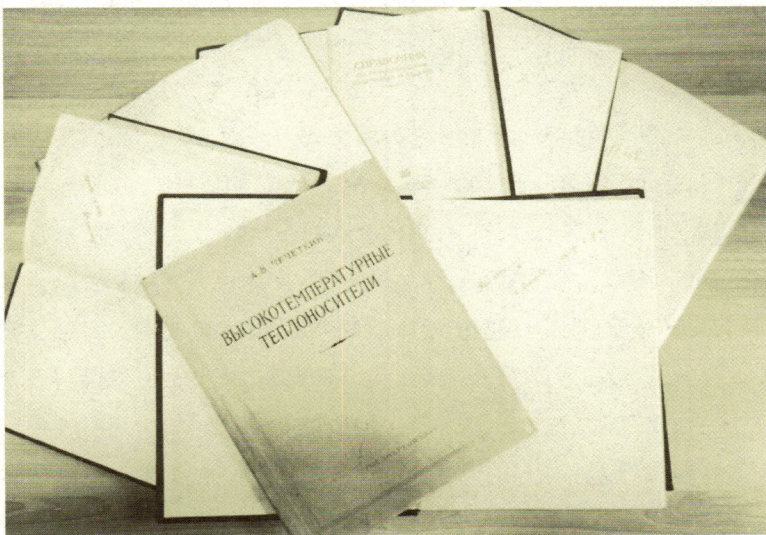

图 3- 13　彭士禄归国时带回的俄文书籍

（图片说明：这些俄文资料上大多有彭士禄的签名和日期，从 1951 年到 1965 年）

第四章
潜心研究 随时待命

　　第二次世界大战后,世界各国海军十分重视新型潜艇的研制。核动力和战略导弹的发展,使潜艇发展进入了一个新的阶段。美国发展核潜艇的计划是从 1948 年开始的。1954 年 1 月"鹦鹉螺"号下水,潜艇名字取自儒勒·凡尔纳科幻小说中的潜艇名,后改为舡鱼号。艇长 98 米,排水量 3 000 吨,运行 30 年,于 1985 年退役。1955 年,核动力潜艇"鹦鹉螺"号正式服役,水下航速比常规动力潜艇增大一倍多,而且能长时间在水下航行。1958 年,"鹦鹉螺"号首次成功地在冰层下穿越北极。核潜艇水下航行的优异性能和小型化固体战略导弹技术的成熟,引起了各国战略家的浓厚兴趣和高度重视。随后,美苏两国先后开始了弹道导弹核潜艇的发展。

　　中国潜艇核动力的研制,从 1958 年秋开始到 1970 年 8 月陆上模式堆建成达到满功率止,历经 12 年。1971 年建成核潜艇,1974 年 8 月交付海军服役。从此中国成为世界上第五个有能力自主研制拥有核潜艇的国家。

前人之石——原子能研究所

1958 年 6 月 27 日,聂荣臻向国务院和中共中央提交了《关于开展研制导弹原子潜艇的报告》,将核潜艇列入中央专委的重点项目。当时是把希望寄托在苏联的技术转让和援助上。1959 年赫鲁晓夫拒绝给予援助,并提出与中国搞"联合舰队"的要求。毛泽东指出苏联妄图控制中国海军建设的阴谋是不能得逞的。

早在 1957 年 10 月中苏国防新技术协定谈判时,苏联就拒绝向我国提供研制核潜艇的任何资料。为了国防现代化,1958 年党中央决定独立自主、自力更生研制核潜艇,毛主席发出了"核潜艇一万年也要搞出来"的伟大号召,决定由二机部负责潜艇核动力装置的研制。

1958 年 9 月,二机部决定在设计院(当时称三院,即后来的核工业第二研究设计院)由原子能研究所和研究院联合组成潜艇核动力研究设计组,开始研究原则方案。研究设计组共 18 人,即组长:赵仁恺;反应堆组:韩铎、周永茂、董茵、姚敏智、訾绍芬;一回路组:李乐福、张敬康、周泉通、白国柱;自动控制组:蒋滨森、肖永定、龚云峰、孟繁淑、陈恩衡、曾记直;剂量组:昝云龙、王荣廷。

1959 年 2 月 12 日,二机部决定潜艇核动力研制工作由原子能研究所负责。设计工作和设计人员(48 人:原子能研究所 12 人,哈军工 19 人,五机部五院 17 人)由设计院迁至原子能研究所,在十二室成立第五大组,任命赵仁恺为大组长,李乐福为副大组长,王延夫为支部书记。

1959 年 2 月 23 日,原子能研究所成立潜艇核动力装置工程领导小组,在钱三强、彭桓武的领导下,李毅挂帅,负责有关各室(二、四、六、十二、十三)间的组织和协调。由二室和四室负责反应堆物理理论分析、计算和实验。何泽慧、朱光亚、黄祖洽指导,戴传曾负责屏蔽研究分项计算指导;由六室负责反应堆燃料元件的研制,李林、张永禄指导;由十二室负责反应堆热工水力研究和燃料元件的辐照考验,连培生、屈智潜指导。

与此同时,在上级领导下展开全国大力协同,大开绿灯。向一机部、冶金部、化工部、科学院、高教部、轻工业部等提交设备清单、协作清单、试验试制及制造用材料总表。中国科学院召开 6 所协作会,落实了不锈钢、UO2、锆、钛、硼钢等新材料的研制。冶金部布置在上海、大连、鞍钢制作 6×0.5 ①不锈钢管,重庆试制六角管,硼钢、Inconel - x,导磁不锈钢、铍钼合金、645 - Ⅲ钢、镉-铟-银等材料也均安排试制。西安交大、大连工学院、哈工大、清华、上海交大等高等院校参加协作。一机部全面开展 801,802,803,804,805,806,308 等主设备的试制工作。

1960 年 10 月《潜艇核动力装置初步设计(草案)》向科工委和海军汇报并审查,1960 年 11 月起至 1961 年中止,二机部部、局、所领导带队率领设计及有关人员,分路进行全国调查,与各有关科研单位、有关制造工厂交流协调,调整有关技术条件、技术要求,落实任务。

在没有任何国外援助的情况下,经过近两年时间,在钱三强所长、彭桓武副所长领导下和李毅副所长直接组织指挥下,原子能研究所全所人员共同努力,1960 年秋完成了《核动力装置初步设计(草案)》,同时在所内并与有关高等院校、工业部门大力协同,开展反应堆物理、热工水力等试验研究和燃料元件、材料及部分关键设备的研制。在完成《核动力装置初步设计(草案)》的基础上,开展全国工业水平能力大调查,修正设计参数,落实了设计。

截至 1961 年初,曾参加十二室五大组潜艇核动力堆研究设计人员(不完全统计)有赵仁恺、彭士禄、李乐福、韩铎、周永茂、昝云龙、吕德贤等约 200 人(包含哈军工 22 人、五机部五院 22 人等)。彭士禄在十二室五大组参与核动力研究工作。

当时,十二室五大组集中了一批年轻、朝气蓬勃、勇往直前、无所畏惧的科技人员,除少数年龄稍大的以外,哈尔滨军事工程学院和航空工业部第五研究设计院来的一批年轻教师和科技人员的平均年龄不到 30 岁,此外便全是年轻的大学毕业生。当时只有少数人对苏联援建的重水实验堆和军用生

---

① 赵仁恺:《岁月如歌——中国原子能科学研究院反应堆事业五十年》。原子能出版社,2006 年。

产堆有些感性认识,潜艇核动力用的压水堆则是谁也没有搞过,一切要从头学起。潜艇核动力技术在国际上十分保密,在国际文献上公开发表的只是些民用压水堆技术,即便如此,这些资料对他们也十分宝贵,大家都如饥似渴地埋头到文献堆中去调研。显微卡放大太费钱,就用修钟表的放大镜凑在显微卡上阅读;没有复制设备,就用手抄写;没有电动计算机,就用手摇计算机,计算一个方案动辄就要不停地摇一个月。条件虽然很差,但每晚办公室都是灯火通明,一般都是晚上 11 点以后才回宿舍,而第二天早上 7 点都出现在办公室。

核潜艇项目下马,潜心研究核动力装置

1961 年,为了贯彻中共中央的"调整、巩固、充实、提高"八字方针,国防尖端工程也在缩短战线,为集中力量攻克原子弹和导弹,核潜艇也列入了调整项目,只保留下少数骨干力量,从事调研核动力装置的核心项目,为重新上马做准备①。

1961 年 2 月 10 日,为集中力量支援一线,将潜艇核动力堆的自力更生、开拓研究经验用于生产堆,部决定将十二室五大组调十局(即设计院),只保留少数人马,留所部分组成一个独立的设计组,由赵仁恺、彭士禄任正、副组长,接受原子能研究所和十局双重领导。已安排的科研、试制、协作的关键项目仍继续进行。1962 年 2 月,潜艇核动力研制任务除保留研制周期较长的一些重大项目外,其余暂时下马,为一线任务让路,成立 47 - 1 室,待机再起(1962 年 2 月至 1963 年 3 月)。原子能研究所将十二室五大组留所 50 余人员另组成 47 - 1 室,任命彭士禄为主任。彭士禄当时是技术六级,按照规定,只能当副主任,当时没有主任。

---

① 上级部门领导潜艇核动力堆工作的有关情况,参考刘杰部长回忆录及孟戈非的相关未公开发表的文献。原子能研究所潜艇核动力堆工作请参见李毅著的《铺路石》和《夕阳情》。

一天,所长李毅把彭士禄叫过去,彭士禄手里拿着本书,一边看一边走,直到头碰了门才知道到了。"所长,找我什么事?"李毅回答他说:"士禄,我请你来,是请你助我一臂之力,准备让你当核动力研究室的副主任,室里没有主任,一切由你负责。由于你是六级,级别不够,只能任命你为副主任。为此,我非常遗憾,但没法子,这是规定。"

彭士禄问道:"我想知道的仅是我该怎么干?[①]"

李毅答道:"总的原则是卧薪尝胆,保存实力,使核潜艇核动力研究不断线,打基础,积蓄锐气,所谓'潜龙在田'是也。第一,带领大家学好外语,把国外的有关资料掌握起来,经过消化,变为自己的东西;第二,还要带着大家挖野菜,粮食不够吃,已有不少人发生了浮肿;第三,你们每人的出差费每月只有五元,要省着用。"

核潜艇下马时期,上级领导对于核潜艇工程的工作内容具体请参考本章附录:刘华清、于笑虹《关于核潜艇工程的几点看法和建议》。

1962 年 2 月,彭士禄开始主持潜艇核动力装置的论证和主要设备的前期开发。当时中国在核潜艇的建造方面所掌握的知识近乎为零,在这种状况下搞核潜艇全靠四个字"自教自学"。恰逢三年自然灾害,物资供应匮乏,生活极其艰苦。对于 20 世纪 60 年代初的困难生活,彭士禄并不陌生。彭士禄在接受采访时,曾这样描述当时的艰苦条件:

当时条件很差呀,室里的大多数人都是刚毕业的大学生,而且学的都不是核专业。怎么办?我就和其他几位留苏的同事当起了老师,开设了反应堆等五门专业课给他们讲,两年后,他们都成了核动力学的专家。那时,我们是吃着窝窝头搞科研的,连窝窝头都吃不上时,我们就挖野菜和白菜根吃。研究室每人每月的办公费才 5 元钱,这里面还包括出差费、办公用品费……那时没有电脑,仅有一台手摇计算机,大家就拉计算尺、打算盘,那么多的数据都是靠这些工具没日没夜地算出来的。

---

① 彭子强:《奇鲸神龙——中国核潜艇研制纪实》。中共中央党校出版社,1999 年。

生活上的困难,对彭士禄来说根本不算什么。他只是牢牢记着蔡妈妈(蔡畅)对他(也是对当时的许多孩子)讲过的一句话:"打江山的是我们,搞建设要靠你们!"所以他不觉得苦,只感觉到肩上的担子重。反应堆研究室负责人彭士禄并没有消极等待,而是在困难的条件下积极进取。

一切从零开始,学习起来谈何容易。仅凭一腔热血是不够的,需要把自己和别人已有的经验和技能进行转化,同时吸收新的知识。摆在彭士禄面前的就是这样一个摊子:反应堆研究室不到 50 个人;除了五六个人是核动力专业之外,其他人都是来自其他学科的科技人员,大部分还是刚刚走出校门的大学毕业生。

在潜心研究潜艇核动力装置阶段,彭士禄非常提倡研究室的人要学习。曾经跟他一起在实验室的黄士鉴在接受采集小组采访时说道:"对我们来说他在干什么,我们不是很清楚,但至少他在努力地讲课呀,准备呀,弄呀,睡得很晚,但他也经常地鼓励我们努力学习。他曾经有一句话:你们应该屁股圆脑袋尖。屁股圆能坐得住,你不能像猴子似的,猴子不就尖屁股嘛,猴子蹲不下来,那就是说你们要相反,屁股要圆,要坐得住。脑袋尖,钻得进去,脑袋不尖钻不进去的,这句话很有意思。"[1]

根据原子能研究所党委提出的"坐下来,钻进去,入了迷"的要求,彭士禄针对全室大多数人只会俄语不会英语,而外文资料又大多为英文的状况,组织了英语学习。大家从早晨 5 点多钟起床就背英语单词,甚至上厕所时也在背,夜深了也要背上几遍新学的单词才去就寝。这样边学英语,边看与各自专业有关的英文资料,经过两年的努力,全室基本上过了英语阅读关,并且摸清了国外核电站、核动力装置的基本情况。

同时,彭士禄在反应堆研究室内开始系统地讲授反应堆物理、反应堆热工水力、反应堆控制、核动力装置等课程,由他和韩铎、蒋滨森、沈俊雄等主讲。他要让全室人员尽快都姓"核"。通过边学习边干,同志们很快便掌握了核动力装置的基本原理及各系统、各专业间的内在和相互制约的关系,使这些门外汉迅速地站到了核动力科学研究的前沿。核动力设计研究院的黄

---

① 中国核动力院访谈口述资料。2012 年 9 月,成都核动力研究院。资料存于采集工程数据库。

士鉴在谈到当时情况时很是感慨地说：

> 彭部长这些老同志带着我们年轻的同志在干什么呢？实际上在学习，在准备，当时的气氛非常好，我可以说非常好，是我工作到现在，我现在已经退休了，这辈子当中，当时的学习气氛，准备的气氛是最好的。我都找不到有这么好的气氛，大家真努力，就是摩拳擦掌，准备等着任务的下达。这中间有件事很有意思，因为没有什么资料，大家水平就这个水平，谁也没搞过潜艇核动力，甚至是连核动力为何物都不知道。大家就学，研究那几本有限的书，有限的资料，大家学，讨论，这周工作怎么弄。这中间有个小插曲：我们叫彭部长给我们讲动态，谁提出来的忘掉了，肯定是我们热工组的人，因为他是热工大组的组长，当时我们都叫他老彭。老彭：静态看来我们都懂了，怎么算功率多少，流量多少，压力怎么算都懂了，反应堆应该是动态的，动态怎么算？彭部长非常痛快，没问题，我讲。这个时候彭部长讲课是没问题的，他也给当年的中国科技大学（当时在北京，位置在长安街的西边，后来迁到合肥去了，非常好的学校）讲课，每天晚上备课，我们住在一个楼，一个单身楼，我们年轻的四个人一个房间，彭部长呢照顾他，一个人一个房间，他的房间每天是关灯最晚的。有时我们起来上厕所就看到他灯光还亮着呢，门缝下面还亮着呢，他同时也准备给我们讲课，讲呀讲得很有意思。黑板上就写呀，因为是学习嘛，不像现在学校里面讲课，老师讲，学生就听，他不，我们就问他，不懂马上就问，彭部长，这个没听懂，互教互学气氛非常重。[1]

研制核潜艇是现代化国防建设中的一项极为复杂的宏大系统工程。它不仅需要研制紧凑可靠的潜艇用核动力装置，选好适于水下高速航行的艇体线型，而且要装备保障艇员长期水下工作和生活的空调、空气再生、净化系统，水下导航定位系统，远距离隐蔽通信系统，水下远程警戒、搜索、侦查、

---

[1] 中国核动力院访谈。2012 年 9 月，成都。资料存于采集工程数据库。

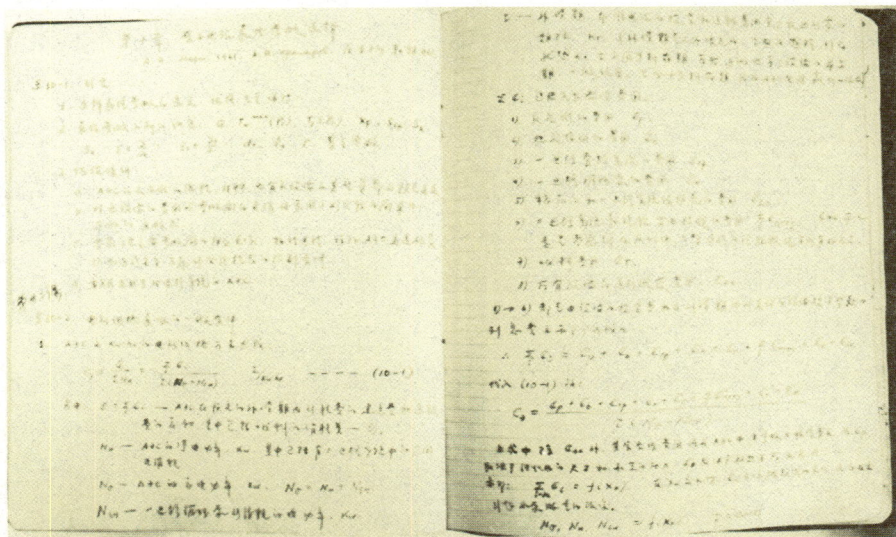

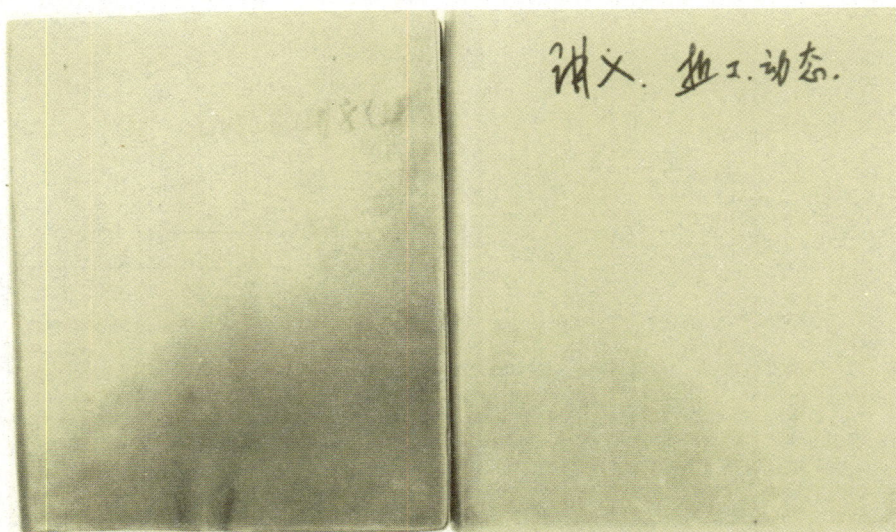

图 4-1　彭士禄在中国科技大学和原子能所反应堆室的授课讲义

(图片说明：该组照片展示了 1961 年至 1963 年，彭士禄在中国科技大学近代物理系任教以及在原子能所反应堆室给同事们讲课所用的教材，其中热工计算讲义共十章，两本讲义共计 1 000 页，当时国内没有可参考的现成教材，所以全部手稿都是彭士禄自己整理和完成的，是彭士禄的重要成果之一)

通信、目标定位的综合声呐系统,与潜艇的作战使用相适应的反潜鱼雷武器系统,以及弹道式导弹发射控制系统等。我们可以通过国外公布的核潜艇布置结构图初步了解核潜艇的复杂性。1950 年以后,在第二次世界大战中发展的基础上,潜艇在技术方面的进步就是对核能的利用,核能如果能作为可接受的能量/重量密度(包括生物屏蔽的重量)的装置,可以提供潜艇不依赖空气的能力。同时,优质、高强度且焊接后不损失强度和无焊接缺陷的厚钢板,使之能建造足够大的船体以满足导弹发射系统和核反应堆的要求。

核动力装置更为复杂,涉及反应堆、控制棒、燃料元件、主泵等很多技术层面。彭士禄把全室人员分批派出去,结合本人分工进行专题调研,包括国外情况与国内生产能力及生产水平的情况,带着问题下工厂,到其他研究单位去请教学习。回来后进行专题论证报告和学术讨论,从而对各系统的功用和组成,对设备型号的选择,都做到了心中有数。

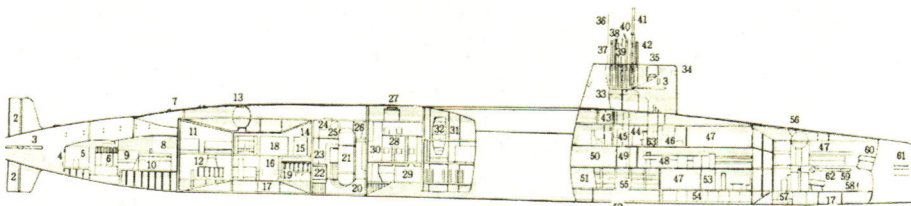

1. 单螺旋桨 2. 垂直舵 3. 水平舵 4. 主推进轴 5. 推进电机 6. 蓄电池供电控制器 7. 旗杆支架 8. 主机舱 9. 齿轮箱 10. 汽轮机 11. 空调装置 12. 主冷凝器 13. 舰逃生装置 14. 柴油发电机室 15. 控制台 16. 汽轮发电机 17. 压载 18. 电动发电机 19. 电动给水泵 20. 反应堆舱 21. 反应堆 22. 汽轮机驱动给水泵 23. 主冷却泵 24. 出入舱口 25. 出入门 26. 通道 27. 装卸舱口 28. 配电室 29. 泵舱 30. 水密舱壁 31. 导弹发射筒 32. M20 潜射弹道导弹 33. 指挥室 34. 舰桥 35. 水面导航平台 36. 鞭状天线 37. 柴油机排气装置 38. 电子线天线杆 39. 柴油机通气管工作装置 40. 雷达天线 41. 潜望镜 42. 定向天线 43. 控制室舱口 44. 中央控制部位 45. 控制台 46. 厨房 47. 艇员住舱 48. 军官会议室 49. 厨房 50. 声呐控制室 51. 艇员餐厅 52. 耐压壳 53. 贮存舱 54. 蓄电池组 55. 蓄电池舱 56. 舰逃生装置 57. 泵 58. 鱼雷舱 59. 备用鱼雷 60. 鱼雷发射管 61. 鱼雷 62. 压缩空气舱 63. 指挥官通道

图 4-2 核潜艇装置图[1]

(图片说明:由于我国核潜艇研究工作尚处于保密阶段,该图是法国"威严"级弹道导弹核潜艇布置图,作为参考)

---

[1] 张延飞,黄士龙:《21 世纪潜艇发展》。中国船舶总公司船舶系统工程部编,1992 年。

彭士禄懂得,核动力工程是一项复杂的系统工程,不懂得内在规律,势必得不到工作上的自由。他在一步一个脚印地准备着。

当时,国内的计算工具只有计算尺和手摇计算器。一种方案的计算,借助那台老式计算机几个人要连续工作一个多月才能完成。在彭士禄的主持下,就用这样简单的计算工具对收集到的国外的数据进行反复验算、校核和修正。彭士禄领着大家动手建起常温零功率堆和高温高压零功率试验室。连证实反应堆在冷态下的安全可控性这个极为精密的试验手段,也是他们靠自己力量,建立起了全尺寸零功率试验装置。彭士禄亲自计算和校核了许多数据,经过选择论证,确定了中国自己核动力装置的 100 多个静态和动态主参数。

图 4-3 为彭士禄在十二室第二大组从事计算工作所用过的计算尺,计算尺的封皮上写有 12 室 2 组以及 47-1 室的字样。

在设计核潜艇动力模式堆的时候,他们参考的资料主要是德国"奥托汉"号核动力矿砂船、美国"希平港"核电站、苏联"列宁"号核动力破冰船的一些照片和有关方面的报道。

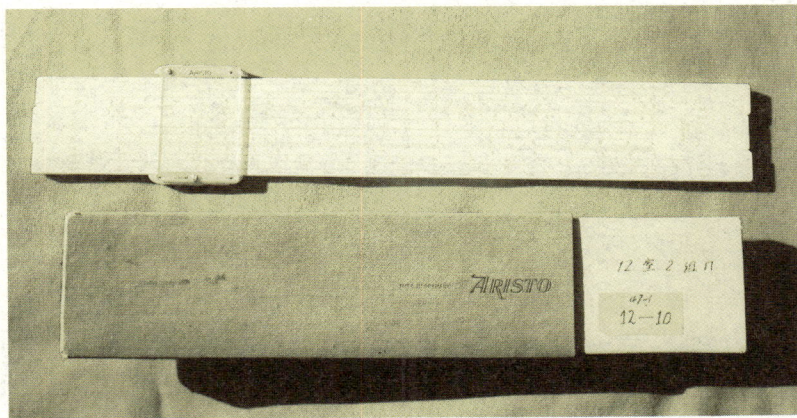

图 4-3　彭士禄在从事计算工作时所用的计算尺

图 4-4 为该计算尺的保存者杨连新与彭士禄一起欣赏计算尺的照片。

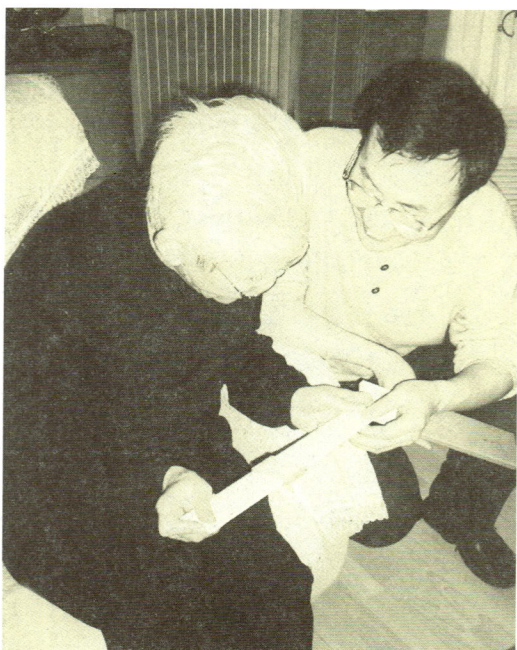

图 4-4　2007 年 2 月 27 日计算尺收藏者杨连新与计算尺的主人彭士禄的合影

中国科技大学的兼职教授

　　20 世纪 60 年代初,中国仅在清华大学、中国科技大学、上海交通大学等少数几个大学里设置了原子能专业。即使设置了专业,在师资队伍建设方面人才相对匮乏。而集中了我国原子能专业人才的中国科学院原子能研究所与这几个大学的联系非常紧密。研究所的许多专家和青年知识分子都会到这些大学里当兼职教师。

　　由于当时原子能所归二机部和科学院双重领导,时任科学院院长兼中国科技大学校长的郭沫若聘彭士禄为副教授,韩铎、沈俊雄为讲师,到中国科技大学讲授反应堆理论。他们在科大讲完课后回到原子能所 47-1 室再

给大家讲课,包括反应堆物理、热
工、结构、自控、动力装置等。所
以原子能所的人员对于中国科技
大学原子核专业的人才培养起了
重要作用。对于在中国科技大学
讲课的这段经历,彭士禄还记忆
犹新:

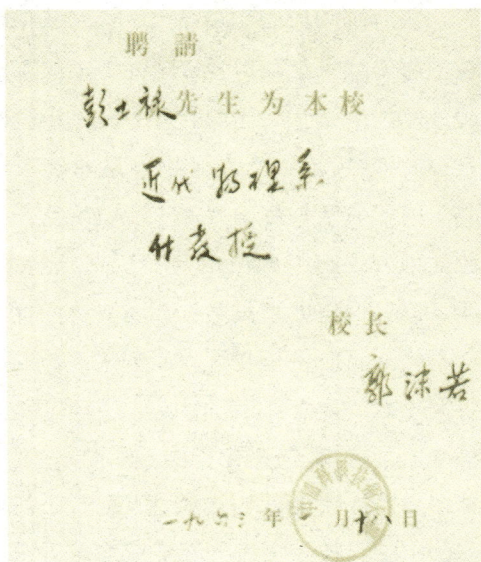

图 4-5　1963 年 1 月 18 日中国科技大学校长郭沫
若颁给彭士禄的副教授聘书

　　一边在中国科技大学讲
课,一边给研究室里的同事
讲课,核动力专业方面的,我
讲热工水力,讲了 200 多个
学时,还有别人讲物理、自动
控制等。在中国科技大学讲
了 2 年(两个学期),教材是自己编的,中国科技大学和研究室用的一样
的教材,自编自教,他们没有教材。当时中国科技大学的校长是郭沫
若,他聘请我当副教授,他签名聘请我为近代物理系副教授,但没怎么
接触,原子能研究所的韩铎、阮可强也被聘请去讲课(不太确定,有点记
不清楚了),阮可强回国后被分配到原子能研究所,搞物理计算。韩铎
也是搞物理。我主要搞热工水力计算。

　　1961 年,彭士禄开始在中国科技大学当兼职教师,讲授《堆物理热工计
算》等课程[①],并著有相关讲义,讲义内容后被用于反应堆室讲课的教材。彭
士禄在中国科技大学任教两年,时任中国科技大学校长的郭沫若于 1963 年
1 月 18 日向彭士禄颁发了证书,根据彭士禄的职称被聘请为近代物理系的
副教授。彭士禄当时是一方面学英语,一方面搞研究,一方面讲课。

[①] 1962 年 11 月 7 日召开的近代物理系兼职教员座谈会记录,第 2 页。原件存于中国科技大学档案
馆,复制件存于采集工程数据库。

当时国内只有中科院、清华大学和中国科技大学少数几个学校有原子核工程专业。如何办这个专业、开设哪些课程是原子核工程专业会议经常讨论的内容。1962 年 11 月 7 日，中国科技大学近代物理系召开了一次兼职教员座谈会，会议由近代物理系兼职系主任、原子能所副所长赵忠尧主持，原子能所副所长彭祖武等 23 人出席了会议。会上，彭士禄就原子核工程专业如何办提出了自己的意见。彭士禄认为原子核工程专业不仅要求一般数、理基础，还要求具备一定必需的工程技术知识与训练，应与其他专业有所不同。就原子核工程本身而言，有三个方面不同的任务与要求，在苏联是根据不同的要求在不同的学校来培养人才。如莫斯科工程物理学院、莫斯科动力学院、莫斯科化工机械学院，就是分别培养动力理论、工程结构、动力装置方面人才的。目前，我国设有工程物理系的学校也不少，也是各有侧重。中国科技大学工程专业究竟培养哪方面的人才，应当加以明确，我们不能和清华一样。是否侧重于动力装置的物理方面，放弃动力装置系统和机械方面。图 4 - 6 为彭士禄参加中国科技大学兼职教员座谈会时的记录。

彭士禄在会上还提出，现行工程专业的课程安排，有些课程负担太重。从热工计算课来看，学生工程设计方面的知识欠缺，学生要获得工程技术方面的知识和训练，一方面是通过课程学习，课程设计，另一方面是通过生产实习。现在是生产实习太少，苏联相应的学校一般是每年有一个月到两个月的时间进行实习，毕业前的毕业实习有 2～3 个月，而我们仅仅只有两周时间到所里去看看。能否将学生派到所里当实习员、机械员，搞一个较长时间的动手。加强工程方面的课程，是否需要延长学习年限，建议工程专业作专题来讨论。

当时中国科技大学教师队伍中，老教师、青年教师多，中级（讲师）教师缺少。所以兼职的多是中层。彭士禄就教师队伍培养和发展提出：教师基本队伍学校应该有，但不排斥请外面知名专家任课，这个比例要考虑。兼课教员一般不熟悉教学法，缺乏教学经验，只重讲课传授知识，适于任高年级专业课。至于搞毕业设计、论文应该请所里的科研人员指导，他们接触实际多，对质量有好处。因此，这个比例应是：讲课内多外少，毕业设计、论文的指导则外多内少。

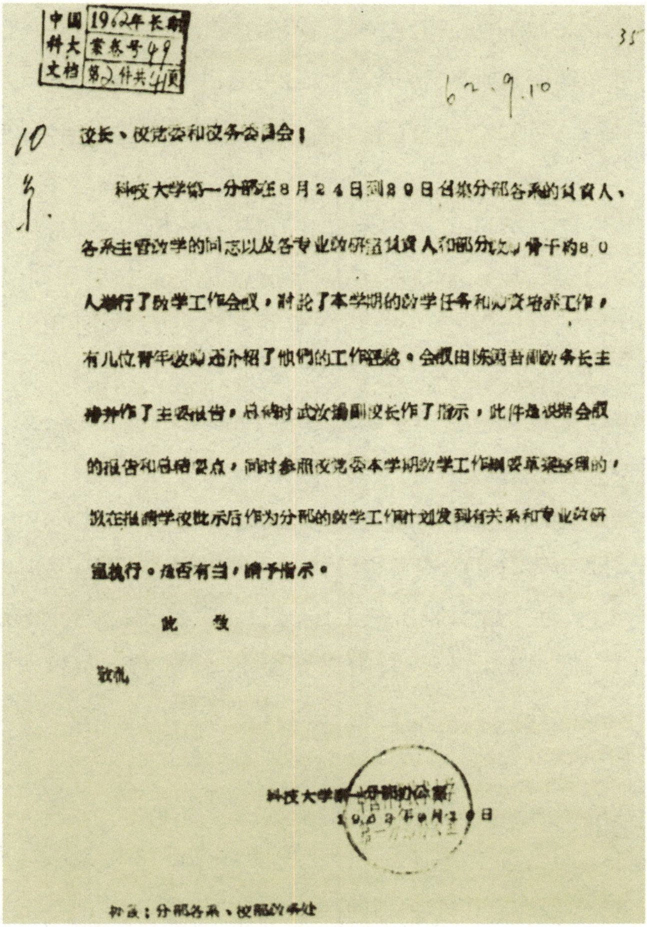
中国科大文档 1962年长期 案卷号49 第2件共4页

35

62.9.10

校长、校党委和校务委员会：

科技大学第一分部在8月24日到30日召集分部各系的负责人、各系主管教学的同志以及各专业教研组负责人和部分教师骨干约80人举行了教学工作会议，讨论了本学期的教学任务和师资培养工作，有几位青年教师还介绍了他们的工作经验。会议由陈[illegible]副教务长主持并作了主要报告，总结时武汝扬副校长作了指示，此件是根据会议的报告和总结要点，同时参照校党委本学期教学工作纲要草案整理的，拟在报请学校批示后作为分部的教学工作计划发到有关系和专业教研组执行。是否有当，请予指示。

此致

敬礼

科技大学第一分部办公室
1962年9月10日

抄送：分部各系、校部教务处

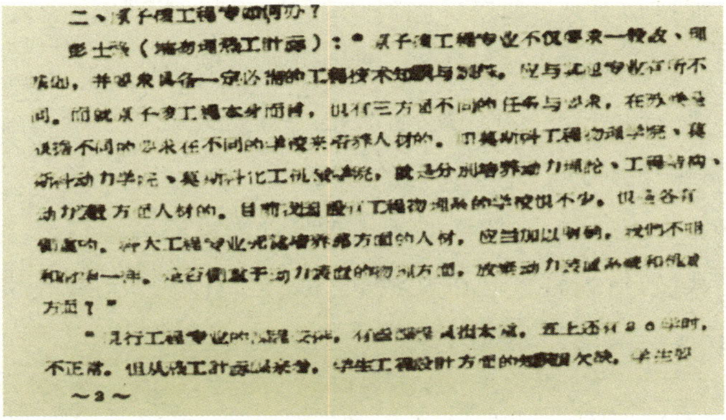
二、原子能工程专业如何办？

彭士禄（潜艇总设计师）："原子能工程专业不仅要求一般数、理、[illegible]，并要求具备一定必需的工程技术知识与训练。[illegible]。而就原子能工程本身而言，[illegible]三方面不同的任务与要求，在办专业[illegible]不同的要求在不同的单位来培养人材的。[illegible]工程物理学院、[illegible]动力学院、[illegible]工程系[illegible]，就是分别培养动力理论、工程结构、[illegible]方面人材的。目前我国培养工程物理方面的学校[illegible]不少。[illegible]方面的人材，应当加以[illegible]。我们不[illegible]一律。[illegible]动力装置的物理方面，[illegible]方面？"

"[illegible]工程专业的[illegible]，[illegible]，[illegible]时，不正常。但从[illegible]来看，学生工程设计方面的[illegible]欠缺。[illegible]

～3～

图 4－6　1961 年彭士禄参加中国科技大学近代物理系兼职教员座谈会的记录

（图片说明：这份记录由中国科技大学档案馆提供）

在毕业论文和毕业设计方面彭士禄提出:"学生马上要毕业了,毕业设计所里已给出了些题目拿到学校,感到出的题目大了,做不完。学生的毕业设计和论文,应当多请校外研究单位来指导,这样做出的论文质量高,更接近实际。①"

和彭士禄一起在苏联留学的韩铎也在中国科技大学近代物理系讲课,讲授堆物理设计与计算。那时候,中国科技大学在长安街西面,从西郊的所里研究室到中国科技大学,乘坐公共汽车要很长时间,当时正处于经济困难时期,彭士禄这些研究所的兼职教授站在公共汽车上,经常是肚子咕咕叫地两边跑,从 1961 年开始连续讲了两年直到 1963 年 3 月,中央专委决定:为了保存技术骨干力量,继续对核动力潜艇总体等关键技术进行研究,批准在海军第七研究院成立原子能潜艇核动力工程研究所,原子能院 47 - 1 室(约 65 位研究设计人员)并入该所,简称 715 所。

1963 年 4 月,由于核潜艇研制工作划归海军负责,彭士禄随之转入 715 所,任副总工程师。1963 年 8 月,中央专委下文,批准七院核潜艇研究室与二机部核动力反应堆设计室合二为一,组建成立核潜艇动力工程研究所,彭士禄任副所长。

由于所在的研究所划归海军负责,彭士禄于 1964 年 1 月 18 日,被总字九〇七部队任命为副总工程师,4 月 8 日,被授予陆军技术中校军衔。也就是在那一年,彭士禄穿上了军装,并穿着军装拍摄军官证证件照。在女儿的记忆里父亲很少穿军装,所以彭士禄军人的身份在后来就很少人知道了。

回顾核潜艇下马时期,彭士禄主要的研究成果如下:

(1)1958—1960 年,主持屏蔽实验堆的方案论证和大量有关数据计算,为 49 - 2 实验堆的建成打下了良好的基础。

(2)1961—1963 年,在原子能所核潜艇动力堆研究室任副主任,兼中国科技大学副教授,自编教材并讲授核动力装置,在研究室重讲此课,培养专业人才,主持潜艇核动力装置方案的论证工作、主要参数的选择与计算、重

---

① 1962 年 11 月 7 日召开的近代物理系兼职教员座谈会记录,第 6 页。原件存于中国科技大学档案馆,复制件存于采集工程数据库。

图 4-7 彭士禄的军官证

要设备的选型与研制,使各系统相当匹配,使主设备得以按时顺利进行研制。

(3) 1963—1965 年,在国防科委七院核动力研究所任副总工程师,主持核动力装置的扩初设计,并配合核潜艇总体作初步设计。

第五章
研制成功　核潜艇启航

项目重启，筹建实验基地

1964 年 10 月 16 日，中国第一颗原子弹爆炸成功。随着中国的国民经济有了明显好转，常规潜艇仿制和自行研制成功，核动力装置开始初步设计，核反应堆的主要设备和材料研制工作均取得了进展，具备了开展核潜艇工程研制的技术基础。

1965 年初，于笑虹[①]找到黄旭华、钱凌白两位专家谈核潜艇研制工作，并要求组织专家力量于 2 月底向方强部长和刘华清副部长[②]提交关于研究制造核潜艇的请示报告。

1965 年 3 月 13 日，第二、第六机械工业部党组联合向中央专委提交了关于核动力研究机构划归二机部领导、六机部七院成立核潜艇总体研究机构的报告。

---

① 于笑虹(1914—1973)，时任国防部第七研究院副院长。
② 刘华清(1916—2011)，时任国防部第七研究院院长。

3 月 20 日,周恩来主持召开了中央专委第十一次会议,研究批准了二机部和六机部的报告,并要求二机部负责在 1970 年建成陆上模拟堆,下半年提出具体规划报中央专委。中央专委①于 1965 年 3 月 20 日批准核潜艇工程重新上马。②

8 月 15 日,周恩来主持召开了第十三次专委会,逐项研究了二、六机部经过反复论证向中央提出的关于研制核动力和核潜艇的具体建议。会议原则同意了报告中的各项建议,并将形成的决议分别向有关部门发出通知。

中央专委批准了六机部关于研制核潜艇的三项原则:一是认真执行大力协同的方针;二是立足于国内,从现实出发,分两步走,先研制反潜鱼雷核潜艇,再搞导弹核潜艇;三是第一艘核潜艇既是试验艇,又是战斗艇,研制出来后即可交付海军使用。同时,会议对核潜艇的研制步骤、基本建设、经费和协作项目安排都做了明确的规定③。

鉴于弹道导弹核潜艇必须装备的潜地导弹及其武器系统的研制工作,十分复杂且刚刚起步,加上核潜艇本身以及与导弹配套的关键设备技术问题多,难度大,需要更多的时间才能解决。因此,先研制鱼雷核潜艇不仅可以分步骤地解决技术难点,还可为研制导弹核潜艇打下技术基础。而且有相当一部分材料和设备可以通用,有利于加快整个核潜艇的研制进程。因此,中央决定我国核潜艇的研制工作分两步进行。第一步先研制反潜鱼雷核潜艇,第二步再研制弹道导弹核潜艇。

1965 年 6 月,中央决定二机部负责重新研制潜艇核动力装置,海军潜艇核动力部分重新划归二机部领导,在二机部第二研究设计院成立第二分部(又称北京十五所,即后来的中国核动力研究设计院),在原子能研究所研究

---

① 1962 年 10 月,为加强对"两弹"研制工作的领导,时任军委秘书长兼总参谋长的罗瑞卿根据刘少奇关于"中央搞个专门委员会"的指示,向中共中央、毛泽东主席写报告,建议成立中共中央 15 人专门委员会,获毛泽东批准。简称"中央专委"或"专委"。
② 张健志:《倚天仗剑看世界——现代高技术战争和导弹核武器》。中国青年出版社,1998 年。
③ 中国大三线报告文学丛书编委会:《蘑菇云作证》。四川人民出版社,1993 年。

成果的基础上,研制工作全面展开①。

　　彭士禄带领北京的一支队伍来到了川南,负责陆上模式堆试验基地的筹建工作。彭士禄带着全所的职工和他们的家属从北京西直门车站乘火车离开北京来到四川开始核潜艇基地建设工作。列车昼夜兼程,到达陆上模拟堆实验基地。核动力研究所800余名科技人员,从北京搬到三线地区的核反应堆研究设计基地,参加设备安装、调试,并尽早开展启堆前的各项试验工作。此外,还增建了1∶1零功率试验装置和核动力装置控制系统联合调试试验室,以进行全尺寸的物理实验等一系列研究任务。在模式堆安装调试过程中,设计、试验、运行人员联合开展设计复查,发现并解决了反应堆总剩余反应性偏大等一系列重大技术问题,确保了工程质量。

　　这支队伍的大部分人在核潜艇研制成功后留在了四川成都,就是现在的核动力研究设计院。中国核动力研究设计院隶属于中国核工业集团公司,是中国唯一集核反应堆工程研究、设计、试验、运行和小批量生产为一体的大型综合性科研基地。自1965年建院以来,已经形成包括核动力工程设计、核蒸汽供应系统设备集成供应、反应堆运行和应用研究、反应堆工程实验研究、核燃料和材料研究、同位素生产和核技术服务与应用研究等完整的科研生产体系。核动力院科研力量雄厚,实验设施先进,在中国高新技术领域和先进能源开发工业体系中,占有重要地位。建院以来,先后自行设计、建造了中国第一座高通量工程试验堆等7座核设施,被誉为中国的"堆谷"。20世纪90年代建成的成都核动力实验基地拥有国内领先、接近世界先进水平的各类试验装置18座。当前,正在建设融基础科研、设计、试验、工程验证、关键设备研制于一体的综合性核动力研发基地。目前,核动力院承担着秦山二期扩建、岭澳二期、红沿河、福清、方家山、宁德、阳江、昌江等核电工程的核岛主系统或核蒸汽供应系统的工程设计与技术服务。核动力院积极致力于核电研发,培育了具有自主知识产权的国产化核电站品牌CP600/CP1000/CPR1000,承担着新一代压水堆核电站 ACP100/ACP600/

---

① 赵仁恺:1958年秋—1963年春十二室五大组研究设计简况。见《中国潜艇核动力科学技术诞生地——中国原子能研究所》。2011年,内部资料。

ACP1000 及 CF 系列燃料元件研究开发、超临界水冷堆技术预先研究等科研项目。

20 世纪 70 年代末,彭士禄负责核电站的建设工作时,始终跟核动力院保持着紧密的联系和合作,并作为领导参观和视察核动力院的工作。

刚来到基地,彭士禄带领他的战友们干劲十足地完成了扩初设计并及时对重大设备订货。核潜艇就像一座庞然大物,而研制它又是个庞大复杂的系统工程。这座庞然大物不但要在水下航行,而且有时候要长期连续航行,要求里面住着的官兵在水下的工作、生活要和陆地上基本相近;研究核潜艇涉及核工程物理、自动控制、精密机械、电器、材料等几十种专业技术,牵涉的研究所和工厂有几百个,组织管理涉及国务院各部委、各省市几十个部门。

二机部第二设计院负责的土建工程设计进展很快。一机部、二机部、六机部、冶金部等所属单位的设备、材料试制工作也加快了步伐。1965 年下半年,施工、设计和科研人员进入模式堆建设工地,开始了工程建设。

为了加快工程建设,国防科委、国防工办决定加强和健全陆上模式堆建设指挥部,由二机部何谦任指挥长、七院张志信任政治委员,统一领导陆上模式堆的建设工作。二机部从机关抽调了一批技术骨干,加强施工现场的组织管理;从其他工地抽调精干的建筑队伍,增强现场的施工力量。七院核动力所组成了 100 余名设计人员参加的设计队到 719 所,共同完成陆上模式堆的施工设计和首艇核动力装置的技术设计。同时,七院决定彭士禄负责核潜艇工程和陆上模式堆设计的技术抓总,赵仁恺负责陆上模式堆工程建造中的生产准备、调试和建成后的运行管理工作,并派出以夏桐为组长的工作组,协调指挥部处理工程建设中的技术问题。

1966 年,"文革"开始,陆上核动力装置工程项目受其影响进度极为缓慢,直至 1968 年夏,核动力装置的主厂房基坑还未挖出,使得工程建设受到了严重干扰和破坏,开工两年多,仅完成总投资的 15.1%。10 个主要实验室一个也没有建成,严重地影响了陆上模式堆按期建成。距中央指定完成运行的日期只剩下短短的 20 个月!厂房建设、艇舱建造、设备安装、单机单系统调试、综合联调、物理启动等等,这一切都要在 20 个月内完成。时间、形势、任务压得人喘不过气来。

针对这种情况，为了扭转局面，1967 年 8 月 30 日，中央军委发出了新中国成立以来的第一个关于核潜艇工程的《特别公函》：任何人不得以任何理由冲击研究生产现场，不得以任何借口停工、停产，必须保质保量按时地完成任务。确保了核潜艇的研制进度。

军工企业混乱局面有所扭转，但研究所的院墙挡不住狂热的运动浪潮，知识分子人人自危，心有余悸。彭士禄见此情形很是着急。1968 年 3 月，七院院长于笑虹亲自组织核动力工程所百余人的设计队，奔赴基地会同总体所完成了陆上模拟堆和潜艇核动力装置的技术设计。于笑虹把研究设计人员集中到一个海岛上，"全封闭"地开展设计任务。彭士禄和他的设计队伍窝在海岛的营房里，集中 3 个月的时间开展核动力装置图纸设计工作。随后三线大山的模式堆工程传来不好的消息，作为核潜艇工程的重要组成部分，模式堆工程是中央特批的重点项目，1966 年初就着手的工程进展缓慢，到 1968 年夏，主厂房的基坑还未挖出。

彭士禄是陆上模式堆工程核动力装置的设计技术总负责人，对于这个国家重点项目负有直接责任。他完成设计任务立即赶到工程现场。工地上一盘散沙，虽然工程指挥部还在，采取不少措施，但名目繁多的群众组织根本不听，派性搅得人心不宁。彭士禄通知各方代表开会，等了半天也开不起来。

此时，国防科委核潜艇工程协调办公室已经急电中央军委。1968 年 7 月 18 日，毛泽东指派部队参加陆上模式堆的建设，签发了"7.18"批示。聂荣臻也一再强调，核潜艇工程"只能提前，不准推后，要抓紧，要落实"。聂帅在国防科委会议上特别强调：要"只争朝夕"、保质保量，圆满地完成任务。

这些紧急措施，对确保建设进度起了十分重要的作用。中国科学院、有关高等院校、海军、一机部、二机部、六机部、冶金部、化工部、四川、黑龙江、上海、武汉等有关部门和地区，在国务院、中央军委核潜艇工程领导小组的领导下，积极采取措施，抓紧完成各自承担的科研和设备、材料试制任务。以陈佑铭为主任的核潜艇工程领导小组办公室，在科研攻关、设备试制、模式建设等方面做了许多有成效的组织协调工作。

彭士禄着手调动了他能调动的一切力量，在试验基地军管会和指挥部的领导下，基地上的 8 000 名解放军、工人、干部、科技工作者联合起来了。他们热血沸腾，齐心协力开始为夺回失去的时间，为圆满地完成任务而奋战。彭士禄吃在工地，住在工地，干在工地，哪里有困难、有问题，他就出现在哪里。白天，他和模式堆土建负责人赵仁恺等到基地挖掘的现场，解决岩层掘进难题。晚上，他又在技术人员中间，研究详细的设备安装计划、调试方案。彭士禄草拟出各个阶段可能遇到的问题、对策和工作思路。

　　1969 年 3 月，模式堆主厂房终于落成。在施工现场的 8 000 名军民怀着为建设现代化国防做贡献的光荣感和责任感，战胜了山高、施工现场狭窄小、炎热多雨等困难，加快了工程进度。经过一年多的艰苦奋斗，陆上模式堆的土建工程于 1969 年底基本完成。彭士禄随安装队伍住进了主厂房。穿着一身工装，安装中哪里出现困难，他就会出现在哪里。

　　基地生活非常艰苦，蔬菜奇缺，燃料困难，住房简陋，子女入学入托没有着落，生活区离工作区几十里路远，彭士禄每天同工人们一样，就住在工地。工作时实在太困了，便把工作服一裹，随便躺在一条板凳或一块木板上打个盹儿。偏僻的山沟里，生活异常艰苦。下雨天，彭士禄穿着一双大雨靴，来回摔打在泥泞的山道上；工地上，他穿着一件满是油污、泥渍的工作服，同工人们摸爬在一起；夏天晚上，天气闷热，只能赤裸着上身，不停拍打着蚊虫。开饭的时候，彭士禄拿着一个掉了瓷的大瓷碗，在食堂同工人们一样排队买饭，有时没有油荤，只有酸咸菜。

　　1969 年 10 月，核动力装置大厅进入安装阶段，近万台件的设备、管道、电缆仅用了半年的时间就完成了全部安装任务。经过一年多时间的抢建，物理、热工水力、结构力学、化学腐蚀、材料、自动控制、仪表等十几个实验室建成，并投入了实验运行。陆上模式堆的设备安装于 1970 年 4 月底提前完工。

核动力装置设计方案中的争论

　　中国自行研制潜艇核动力装置始于 1958 年。当时，虽然苏联援建的实验性重水反应堆已在原子能研究所投入运行,第一批反应堆的科技人员已经成长起来,初步具备了研制潜艇核动力装置的条件。但是,要自行研制潜艇核动力装置还存在困难,必须大力开展科研试验工作。

核动力装置的前期研究、设计工作,由原子能研究所和海军、一机部共同组建的核潜艇研究室承担;原子能研究所负责反应堆及一回路系统的研究、设计;核潜艇研究室负责总体以及二回路系统和船舶轴系部分的研究、设计。

1958年10月,原子能研究所反应堆研究室等单位的科技人员200余人由副所长李毅组织开展堆物理、堆设计、燃料元件、热工水力、自动控制等方面的研究工作。1960年6月,在彭桓武等人的指导下,赵仁恺、韩铎、李乐福等科技人员,经过反复研究、计算和论证,提出了《潜艇核动力方案设计(草案)》,对潜艇核动力装置的堆型、主要技术参数等有了初步的设计构思。后来,根据中央专委关于核潜艇工程暂时"下马"的决定,原子能研究所和核潜艇研究室保留了几十名科技人员,在彭士禄、李乐福的领导下,继续在堆物理、热工水力等方面开展科研工作。同时,经过几年的艰苦努力,两个游泳池式试验性反应堆先后在原子能研究所和清华大学建成,并分别开始了核燃料元件、材料和屏蔽的试验研究工作①。

1963年8月,经中央专委批准,原子能研究所潜艇核动力装置研究设计室与七院核潜艇技术研究室合并,成立潜艇原子能动力工程研究所(简称核动力研究所,开始属七院,后归二机部建制)。所长周圣祥和彭士禄、黄旭华组织科技人员开展了潜艇核动力装置总体方案论证,并做了多方案的比较,完成了核动力装置的方案设计。从1965年初开始,这个所又全面开展了核动力装置的初步设计工作。在此期间,各工业部门关于核反应堆的主要设备和材料的试制工作也取得了进展,为工程的重新上马创造了条件。

1965年上半年,彭士禄主持的核动力装置初步设计已完成。7月,彭士禄着手主持核动力装置的施工设计。1965年下半年,即开始了核动力装置的主要设备和材料的订货。1966年,在彭士禄的主持下,用马粪纸和钢丝制作的潜艇核动力装置1∶10的舱室模型完成,随后便开始设计建造1∶1的

---

① 赵仁凯:《岁月如歌——中国原子能科学研究院反应堆事业五十年》。原子能出版社,2006年。

陆上模式堆工程。

　　这时,"文革"爆发,彭士禄顶住了一切干扰,边建立试验室,边进行核潜艇核动力装置的扩初设计和技术设计。白天,他要应付造反派的批斗,晚上,组织工程技术人员反复地研讨、设计和审定。为实现中央专委确定的陆上模式堆于1970年建成的目标,首先要选择和确定潜艇核动力装置设计方案。

　　潜艇核动力装置主要由核动力反应堆、一回路系统、二回路系统和船舶轴系四个部分组成①。一般来说,反应堆装置的重量几乎占全艇重量的40％～50％。这里我们不便展示中国的潜艇核动力装置图,可以参考其他国家早期潜艇核动力装置图。

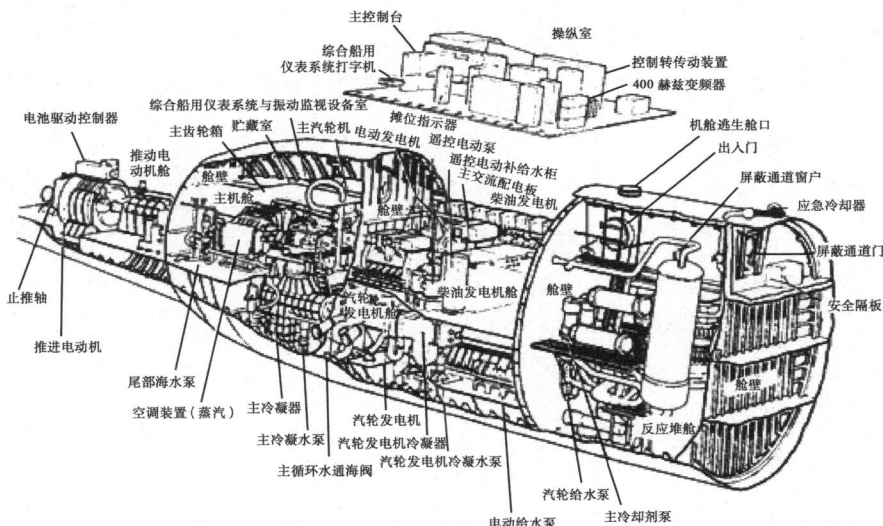

主控制台　操纵室
综合船用仪表系统打字机　控制转传动装置
综合船用仪表系统与振动监视设备室　400赫兹变频器
电池驱动控制器　主齿轮箱 贮藏室　主汽机　电动发电机　摊位指示器　遥控电动泵　机舱逃生舱口
推动电动机舱　舱壁　主机舱　舱壁　遥控电动补给水柜　出入门
止推轴　主交流配电板　屏蔽通道窗户
柴油发电机　应急冷却器
推进电动机　屏蔽通道门
尾部海水泵　柴油发电机舱　舱壁　安全隔板
空调装置(蒸汽)　主冷凝器　汽轮发电机舱　舱壁
主冷凝水泵　汽轮发电机冷凝器　反应堆舱
主循环水通海阀　汽轮发电机冷凝水泵　汽轮给水泵　主冷却剂泵
电动给水泵

图5-1　英国核潜艇动力装置艇内布置图②

　　美国对核潜艇水下试航能力进行过试验,最长可达84天之久,其中起决定性作用的是动力装置和惯性导航装置。艇内装备的反应堆是主动力装置,也是核潜艇的关键设备。目前,国外核潜艇使用的反应堆98％以上都是

① 谢光:《当代中国的国防科技事业》(第十章　导弹核潜艇)。当代中国出版社,1992年。
② 张延飞,黄士龙:《21世纪潜艇发展》。中国船舶总公司船舶系统工程部编,1992年。

压水堆,苏联的"阿尔法"级和"麦克"级等几艘核潜艇采用了液态金属冷却反应堆[1]。

压水堆是一种比较成熟的安全性反应堆。它的内部充满着高压下的净化普通水,不允许水沸腾,这种水起冷却剂和慢化剂的双重作用。这种反应堆的优点是体积小、紧凑、造价低、技术成熟,其缺点是只能使用浓缩铀235,浓缩度为2％～4％,不能使用天然铀燃料,因而费用高。压水堆技术发展的主要趋势是:①采用板形燃料元件;②研制长寿期的堆芯,其关键在于一次加入足够数量的核燃料,并能控制堆芯大量的后备反应性。这样,核潜艇装一次燃料可以连续航行10～13年,航程可达100万海里;③提高反应堆装置的自然循环能力;④提高反应堆装置的安全可靠性。

美国对核潜艇反应堆的研究工作是从1948年开始的,经过6年的努力,第一台反应堆S2W型压水堆于1954年安装在美国的第一艘核潜艇上。20世纪60年代开始,美国研制出S5G型自然循环压水堆,于1966年安装在美国"一角鲸"号攻击型核潜艇上,降低了反应堆的噪声,使自然循环能力有较大提高。美国50年代发展的核潜艇压水堆型号有S2W、S3W、S4W、S5W,60年代的型号有S5WA、S5WA-Ⅱ、S4G、S5G,70年代的型号有S6G、S8G等,80年代的型号有S6W等反应堆。

苏联由于发展核动力潜艇比美国晚,所以它的反应堆大约于1957年研制成功,为压水堆,英国60年代初开始研究核潜艇压水堆,是在引进美国S5W型反应堆基础上开展的。法国于60年代初研制出第一代核动力装置,于1965年装备第一艘弹道导弹核潜艇"威严"号,产品型号为PAT,是分散布置的压水堆装置,热功率大约60兆瓦。

国外海军潜艇压水堆装置的布置方式有两种,即一体化布置和分散布置。99％的核潜艇反应堆装置采用分散布置。这是以美国核潜艇反应堆装置为代表的传统布置方式。这种布置方式具有长期运行经验,且安全可靠性好。

在建造什么类型的模式堆和堆形一体化布置还是分散布置的问题上,彭士禄同某大学和某单位的一些专家和学者爆发了争论。核动力研究所提

① 张延飞,黄士龙:《21世纪潜艇发展》。中国船舶总公司船舶系统工程部编,1992年。

出将核动力装置分散布置在堆舱、副机舱、主机舱3个舱位的布置方案;某大学核能技术所提出了核动力装置一体化布置方案。图5-2为法国CAP-48一体化反应堆原理图。

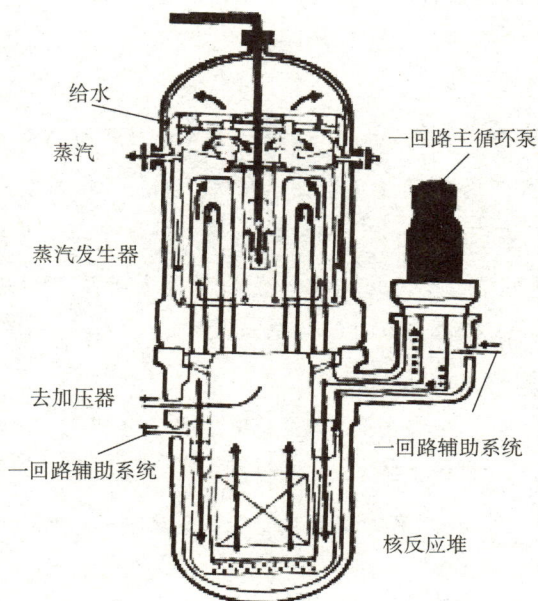

给水

蒸汽

蒸汽发生器

去加压器

一回路辅助系统

一回路主循环泵

一回路辅助系统

核反应堆

图5-2 一体化反应堆原理图

　　彭士禄主张上压水堆,堆舱内各部件分散布置。有些人主张搞增殖堆。因为这种堆先进,有人形容它是一个鸡蛋变两个鸡蛋,但这玩意儿脾气大,一见水和空气就发火,漏了,容易引发爆炸。他们还主张,认为即使上压水堆,也要搞一体化布置,就跟集成电路板块似的,把有关的零部件都压缩在一个密封容器内。

　　一体化布置的确先进,体积小,但一个零件坏了,就得打开密封盖修理。彭士禄对持不同意见的人说:"你们的意见我不敢苟同,我不准备当它们的保姆。"可他们说:"美国第一艘核潜艇上的是压水堆,第二艘上的就是增殖堆,法国正在研制一体化。"彭士禄说:"人家是人家,我是我,事情太重大了,关系到核安全,我虽然胆大,但还不敢冒这个险。美国人胆子再大也不敢冒进,法国人至少70年代中期才能搞成一体化。"

由于受国外先进科技的影响,在反对爬行主义,提倡赶超世界先进水平的旗帜下面,一些专家不顾国情,不考虑实际。这种思维方式往往很能吸引一些人,因此在方案设计论证的过程中很难纠偏。由于来头大,一般人顶不住。但彭士禄坦诚直言,敢于公开站出来,从理论和实践的结合上指出对方的偏颇。双方的争辩在彭子强写的一篇报道记录如下:

> 有一次,彭士禄问对方:"你为什么要把设计搞得那么复杂?"
>
> "不复杂怎么体现世界先进水平呢,你看过外国杂志介绍没有? 我们太落后了。"
>
> 彭士禄说:"世界上关于这方面的事故太多了。如果设备都挤在一体里,将来坏了检修怎么办? 你想过没有,我们的工业和工艺都不如人家……"
>
> "当然不如人家,但我们觉得不应该迁就保护落后。要有雄心壮志,敢于赶超人家的先进水平。"
>
> 彭士禄回答道:"这不是落后,只是方式不同,外国核潜艇动力堆也不完全都是一体化的。"
>
> "那将来人家说这落后了怎么办?"
>
> "怎么办? 按我们的方案办,你们的意见可以写成备忘录,留在技术档案里……我不怕有人说我们不够先进。世界上先进的东西由于工艺水平达不到老出毛病,还能说它是先进吗?"

经过两个单位科技人员的充分讨论,并听取了钱三强、钱学森等专家和有关工业部门的意见,选定了分散布置方案,并于 1965 年 7 月经中央专委批准。

事实证明,彭士禄的主张是切合实际的。法国 1964 年建成的第一个"PAT"陆上模式堆,是压水堆。直到 1974 年,才研制成功 CAP 型一体化反应堆。

随后,原子能研究所充分利用已有条件,很快在堆物理、热工水力、材料元件的辐照、腐蚀等研究试验方面取得了成果,为设计提供了可靠依据。核动力研究所在完成了核动力装置的初步设计后,随即开展了堆型各系统主要部件的设计工作。

陆上模式堆之争

核动力装置是研制核潜艇的关键项目。核动力工程研究所与各单位通力协作,在核动力装置上艇之前,建造了陆上模拟潜艇核动力装置反应堆(简称陆上模式堆)。按照全模拟原则建造的陆上模式堆,为核潜艇核动力装置的安装、调试、运行提供了可靠依据,积累了宝贵的经验。在核潜艇研制中,严格执行了中央专委规定的"陆上模式堆达到临界,才安装艇堆,陆上模式堆达到满功率后,艇才下水"的程序,从而稳妥地保证了核动力装置一次装艇成功。

在我国决定研制核潜艇之初,有关核潜艇的争论就没停止过。在总体方案论证时就核潜艇设备和系统选型方面有较大的争议。

核潜艇设备和系统选型,直接影响到潜艇的作战性能、研制周期和经费,关系到研制的成败,是总体方案论证中首先解决的重大问题。在方案论证中出现了不同的认识和主张,有人认为,第一艘核潜艇就是常规潜艇加核动力,担心研制新设备多了,不能如期完成首艇的研制任务。也有人主张把正在研制和准备研制的较先进的设备都集中用于首艇,以赶超世界先进水平。对此,有关部门根据中央专委批准的核潜艇研制要"立足于国内,从现实出发"和"第一艘核潜艇既具有试验艇的性质,同时力求满足主要战术技术性能,可以作战斗艇交付使用"的原则,对核潜艇的总体方案进行了具体分析,统一了各方面的认识。确定除核动力装置外,为保证艇的战斗性能需要,新研制的主要系统有:反潜鱼雷及其指挥、控制、发射系统,惯性导航系统,大功率瞬时发信机,综合声呐系统,以及综合空调系统等。其他则在保证核潜艇总体性能的前提下,尽量采用国内已批量生产的常规潜艇设备。为了适应核潜艇研制的需要,承担主要研制任务的部门还设置了一批新专业,组建了一批专业研究所,集中科技力量,经过几年的艰苦工作,突破了七大技术关键,基本实现了预期的目标。

反应堆选型以及是否建陆上模式堆的争议也始终没有中断过。对于在核反应堆与核潜艇装配前要不要先搞一个陆地模式堆,当时存在较大的争议。反对搞模式堆的人认为没有必要,因为陆上模式堆不仅使试制费提高50％,而且会推迟核潜艇下水的速度。若控制不好,会成为一颗爆炸的原子弹。还不如直接将反应堆装艇试验,试验成功后就可以交部队作战斗艇使用。若不完全成功,经过修改后交部队作训练艇,又经过修改后再生产战斗艇。

彭士禄等支持建陆上模式堆的人则认为:艇上核动力装置我们没有搞过,技术上百分百成功没有把握,不经过模式堆进行模拟实验就直接装艇危险性太大;即使基本成功不出大问题,在艇上修修改改,换装设备也很不方便;模式堆并不是试验完就报废了,花这个钱是有长远意义的。彭士禄根据计算和判断,认为建陆上模式堆是"吃小亏,占大便宜",能保证一次性成功。彭士禄和钱三强、赵仁恺等专家交换了意见,认为:我们无反应堆设计和核动力装置试验运行的经验,建模式堆以验证设计、摸索可探核聚变的规律、考验材料设备、培训艇员,这不是任何单项模拟能够替代的。美、英、法等国都曾建核潜艇陆上模式堆,是有科学道理的。试想,造一架飞机、一辆汽车还得制作一个真实样品,何况造核潜艇呢!

陆上模式堆建与否的争议如此尖锐,原因有两条:一是大家都没有造过核潜艇,只是在国外公开发表的照片和公开卖的玩具上目睹过它[①],对这个未知数谁心里也不敢说完全有底儿。关于核潜艇是什么样子的,在彭子强所著的《奇鲸神龙》一书里描述有这样一个小插曲:"60 年代初,在美国的一个超级商场上,一个铁灰色的玩具正在出售,一些年轻夫妇和一大群孩童围着购买。这引起了一个中国外交官的兴趣,他正在赶赴机场回国的途中,不由停下车,对他的妻子说:'这玩具一定不错,买一个回去给咱们的宝宝玩玩。'就这么一句话,给核潜艇总体设计所的科研人员带来了福音。他们无

---

① 彭子强:《奇鲸神龙——中国核潜艇研制纪实》。中共中央党校出版社,1999 年。

意中得知这个消息后,连夜从外交官夫妇孩子的手中要了来,摆到了办公桌上。玩具是一艘铁皮做的导弹核潜艇,通体咖啡色和铁灰色相间,火箭发射筒和各舱室可装可卸,十分高级。"二是要建的路上模式堆不是纸上谈兵,也不是仿真,更不是当今的计算机模拟,而是要真刀实枪,完完全全是真实的。不能掉以轻心,等闲视之。

争议排除了非技术因素。经过争议,反复研究分析,意见逐渐取得一致。二机部建造陆上模式堆的方案被采纳。1965 年 8 月,中央决定,将建成陆上模式堆的时间定在 1970 年。

周恩来和聂荣臻都表了态:为了核动力潜艇一次建造试验成功,必须建立陆上模式堆! 这个钱不会白花的,是合算的①。

为此,中央军委拟定了建堆的原则:保证安全,保证可靠,立足国内,自力更生研制,便于操纵,适应我海军指战员的科学技术水平,便于维修和换料等等。

在陆上模式堆即将建成时,又有人指出,陆上模式堆若检测不好,很危险。沿着"怀疑一切"的逻辑,有人质疑这样的模式堆到底行不行? 会不会爆炸? 有人甚至散布:"彭士禄搞的模式堆是堆废钢铁,根本就发不出功率!"

各个国家核动力装置在研究过程中的故障也不少,美海军"鲣鱼"号攻击型核潜艇,在 1959 年试航期间一回路主循环泵发生了故障,进行修理,拖延了 3 个月才向海军交艇。

美海军"舡鱼"号攻击型核潜艇在进行北极航行后,发现蒸汽发生器一回路侧有一阀门泄露,送进船坞修理。该号核潜艇还曾发生二回路管道爆炸事故,使该艇推迟 5 个月服役。

美海军"罗斯福"号弹道导弹核潜艇,于 1962 年在太平洋航行时发现一回路管道出现裂纹,密封性受到破坏,冷却剂发生泄漏,艇员受到超剂量辐照②。

---

① 彭子强:《奇鲸神龙——中国核潜艇研制纪实》。中共中央党校出版社,1999 年。
② 张延飞,黄士龙:《21 世纪潜艇发展》。中国船舶总公司船舶系统工程部编,1992 年。

　　有一天,忙着做模式堆启动准备的彭士禄突然接到电话通知,他赶忙驱车赶到几十公里外的军管会主任办公室,出席"说清楚会"。针对会不会爆炸的问题,彭士禄打了个比喻:核反应堆是"啤酒",铀235含量为3%,是低浓度铀,用火柴点酒精能点着,而啤酒是点不着的。即使控制失灵,也不会爆炸。至于能不能发出功率,彭士禄还是根据计算,说明反应堆不仅能达到100%的满功率,还可以达到120%的功率。双方争论很激烈。不过无休止的争论解决不了问题,结果只有通过启动试验来证实。彭士禄严肃地做出了保证。

　　1970年陆上模式堆达到满功率,一次成功的事实证明彭士禄的判断是正确的。

陆上模式堆启动

　　1970年5月1日,陆上模式堆开始试车。一、二、六机部,冶金部,海军以及七院等所属的17个厂、所有工程技术人员和工人团结协作,共同解决试车中出现的问题,保证了试车的顺利进行。试车结果表明,陆上模式堆的工程质量良好,具备了开堆试验的条件。

　　陆上模式堆是一个由2.67多万台件设备、部件组成的庞大、复杂、精密的核动力系统,其质量如何,必须经过开堆试验运行的考验,才能作出结论。为了及早暴露问题,争取时间改进,尽早给第一艘核潜艇的建造、运行提供经验,周恩来批准进行陆上模式堆开堆运行试验。

　　为了这次启堆,核潜艇工程领导小组决定,由工地军管会、工地建设指挥部、核动力各研究所主要负责人王汉亭、何谦、张志信、张远征、朱勤、彭士禄、周圣祥七人组成试验领导小组。由核动力研究所彭士禄、赵仁恺、傅德藩和各研究室的主任、副主任在启堆阶段担任试验总指挥值班,及时研究处理试验中的技术问题。

　　陆上模式堆于1970年7月16日升温升压,次日凌晨2点开始提供功率阶段。试验期间,周恩来多次电话询问有关情况,并再三叮嘱要一丝不苟,要取得全部数据。参试人员在 15 个昼夜艰苦、紧张的试验中,对反应堆各系统进行了调试,并对堆物理、热工、水力、化学、屏蔽、剂量、应力、振动、噪声等 131 个项目进行了测试,取到了全部数据。试验结果表明,潜艇核动力反应堆的设计、设备制造、安全调试的质量良好,在安全可控、自稳性、调节保护性能等方面也比较好,并有较大的潜力[①]。

1970 年 7 月 25 日,反应堆开始缓缓按九步提升功率,而每提高一档功率,出现的险情也越多。"报告,一回路主管道应力指示过高,超过设计值一倍多。"操作员的报告使大家大吃一惊。这可是不祥的预兆。万一主管道破裂造成失水事故,其后果将不堪设想! 还能试验吗? 彭士禄决定立即进行现场检查和分析,结果发现,是由于应变片质量不好而测出的假应力值。于是立即拍板更换应变片,并继续运行试验。试验结果证明他的判断和"冒险"是正确的。

"报告,出现停堆信号,控制棒已全部落下并停堆。"连续几天出现停堆事故,原因何在? 何况每次检查的结果都没有异常的现象。经过论证分析,彭士禄认为反应堆停堆信号灯过多了,太安全反而不安全了,可谓是物极必反。于是他果断地拍板把多余的 4 个停堆信号灯拆除。此举不仅保证了反应堆的安全,而且也保证了反应堆的可靠运行。

"报告,二回路给水泵流量指示过小,与输出功率不匹配,容易出现把蒸汽发生器烧干。"大家立即检查,给水泵运行正常,蒸汽发生器二次测水位也正常。基于上述情况,彭士禄立即断定是指示仪表有问题,更换后立即恢复正常。

1970 年 7 月 31 日凌晨,水力测功器指示,主汽轮机已达满功率的 90%,相应反应堆的热功率达到 91% 满功率。主机的功率再也上不去了。于是决定冷停堆,一是总结经验;二是分析主机功率发不足的原因;三是排除故障。经分析认定,主机发不出满功率的主要原因有:一是主机进气门偏小;二是蒸汽管路阻力偏大,使蒸汽压力损失过多,达不到应给主机的蒸汽初压。

---

① 谢光:《当代中国的国防科技事业》(第十章 导弹核潜艇)。当代中国出版社,1992 年。

1970 年 8 月 28 日再次进行主机满功率试验,8 月 30 日 18 时 30 分,指挥长何谦噙着热泪颤抖着声音宣布:主机达到满功率转数,相应的反应堆功率达 99％。"我们成功了!"而此时的彭士禄却一屁股坐在椅子上,沉重的眼帘垂了下来,他的头靠在椅背上,为了提升功率,为了保证试验成功,他已经把全部的精力都投入了。

陆上模式堆在 1970 年 7 月至 1979 年 12 月九年运行中,进行了 530 项(次)试验,基本摸清了核动力装置的主要性能,取得了堆芯全寿命期运行的完整数据。

首制核潜艇动力装置与陆上模式堆的性能参数完全一样。他们的初步设计、技术设计和设备制造是同时进行的。这对保证艇上核动力装置的建造进度和装艇一次成功,起到了重要作用。鉴于工程进度紧迫,核动力装置的设计和设备制造有一定的探索性质,因而首艇核动力装置装艇工作,严格按照中央专委规定的程序在陆上模式堆达到满功率后,核动力装置开始进行艇上安装。为了保证安装质量,核潜艇制造厂、719 所和核动力研究所联合完成了 1：1 木模的设计、制造与安装,提前发现并解决了装艇设备在制造和运输过程中产生的问题,为首艇核动力装置装艇提供了样板。1970 年 12 月 26 日完成了核动力装置的装艇工作。

主泵、船体的研究与设计

彭士禄对核潜艇研制过程中的每一个技术难题都高度重视,一丝不苟。1969 年夏,彭士禄主持论证了全密封式主泵(这是反应堆一回路系统的心脏部件),已达到了当时的国际先进水平。一次偶然,彭士禄看到一家外国杂志刊登了美国核潜艇动力主泵的照片,文字说明是全密封结构的。这一消息引发了他的联想,我国的核潜艇动力系统的主泵也必须是全密封的,不能漏一滴水,并构思起主泵的草图来。彭士禄把专门搞水泵课题的何亚音找来,把研制密封主泵的任务交给他和他的同伴们。大伙一合计,不久就把图样和技术说明书搞了出来。其技术要求就当时所能达到的工艺水平而言，是很难实现的，指标订得过高。沈阳水泵厂和哈尔滨电机厂听说是核潜艇工程的项目，很重视，毫不犹豫接下了这个大活。研究人员同工厂方面又进行了联合设计。彭士禄审查后，觉得方案是可行的，就是不知道工艺水平能否如愿。果然，按照图纸做出主泵样机，经过检验投产，生产出正品后，问题也产生了。全密封水泵需要有个外壳保护起来，这个外壳的焊接工艺水平，如果按图纸和技术说明书，是达不到其指标的，因为当时还没有计算机控制系统，壳壁周围受力受温指标的计算很难做到极其精确，同时也没有像现在这样高超的浇注技术。泵壳做出来后，外表发现有瑕疵，军代表不放出厂，怕负责任。快要进行工程安装了，主泵却不让出厂，技术人员和厂方干着急，只好请彭士禄从北京过来定夺。

彭士禄连夜赶到了沈阳的这家兵工厂，主持召开技术会议。虽然军代表最后松口表示，这点瑕疵，外国产恐怕也不能避免。但在责任这一块却提出需有人负责并签字出厂。

彭士禄毫不犹豫表示他来签字，责任由他来负。新研制的密封主泵才得以安装在核潜艇上。实践证明，主泵并未出什么问题。

在要不要建造1∶1总体实体模型上，彭士禄和当时负责该项工作的黄旭华的意见是一致的。彭士禄是我国核潜艇第一任总设计师，黄旭华是第二任总设计师，黄旭华与彭士禄都是广东省海丰县人，黄旭华1949年毕业于上海交通大学，一直从事舰艇的研究和设计。

核潜艇的研制成功，719所起了重要作用，彭士禄在这里有很多的战友，黄旭华、陈佑铭、夏桐等人，他们都为核潜艇的研制成功付出了巨大的牺牲。在核潜艇研制过程中，夏桐的胃切除了三分之二，彭士禄的胃切除了四分之三。核潜艇的线型争论就是在这儿解决的。并决定建造1∶1核潜艇模型。

核潜艇在规模、体型和装艇设备等方面，同常规潜艇差异很大。其核心部分包括核动力及其装艇技术、核潜艇建造厂及艇上设备的配套和总成。为解决核潜艇的有关技术问题，20世纪60年代中期，在七院701所和715所有关科室的基础上组建了核潜艇总体研究设计所（719所），夏桐任所长，开展了鱼雷潜艇方案论证，提出了核潜艇总体设计初步方案及潜艇主要配套设备项目。在核动力装置研制成功后,彭士禄又带领一部分技术骨干,连同家属迁至武汉,开始在 719 所参与装艇和船体设计工作。据此,组织建立了由机械、航空电子、兵工、航天、冶金、化工、高教、石油、建材、铁道等 15 个部委参加的大型科研、试制和生产协作配套体系,调动了整个国家的力量投入到核潜艇的研制工程。

随着鱼雷核潜艇总体设计、各主要分系统以及专用设备、材料研制工作的全面展开,中央抓紧了核潜艇制造厂的建设,先后从大连、上海、武昌造船厂抽调了几千名职工参加核潜艇制造厂的建设和核潜艇的建造。毛泽东主席两次签发电报,抽调部队支援建厂。军民共同奋战,仅用两年多时间,工厂就基本具备了建造核潜艇的条件。

核潜艇的艇体结构是由板材和骨材组成的,其作用是使核潜艇具有一定的外形、漂浮能力和强度,并构成可分隔各种舱室的水密的内部空间。研究艇体结构形状,选择各种构件的尺寸,设计出满足强度要求的结构是很复杂的问题。它涉及艇体在水流的作用下而产生的响应、结构分析方法、材料选择、建造工艺等。核潜艇的艇体形状是结构设计和研究的重点课题之一。它包括艇体长度、宽度、艇艏形状、艇艉形状、指挥台围壳的形状、潜舵的位置等。艇体形状将与核潜艇的潜航速度、潜航下潜和上浮等性能密切相关。它充分体现了各国舰船流体动力学研究的成果。由于核潜艇要发射弹道导弹、飞航导弹和鱼雷等武器,长时间地潜航于海洋中,因而对它的艇体形状要进行充分的船模试验,以求出最佳的形状。

在设计核潜艇艇体结构的过程中,首先必须重视艇艏形状的研究和选择。因为潜艇在航行中,水的阻力直接作用于艇艏,影响着水下航速。常规潜艇的艇艏一般采用鲸形,普遍认为这种结构形状是最好的。第二次世界大战之后,1948 年,美国开始了研究核潜艇的工作,他们开展了核潜艇艇艏形状的探讨,直到 20 世纪 50 年代初才取得了研究进展。从 1953 年 5 月至12 月,美国海军根据船模试验研究的成果建造了一艘水滴形的试验艇,成为"大青花鱼"(Albacore)潜艇,经过实艇试验,证明了长宽比等于 7 左右的水滴形艇体水下航行阻力最小。水滴形艇艏形状已经被世界各国建造的核潜艇普遍采用。

中国第一艘装备声自导鱼雷的反潜核潜艇,采用水滴线性,单轴推进,自持力几十昼夜,下潜深度和水下航速达到或接近国外同年代核潜艇的水平①。

拍板决策,数据说话,错了就改

彭士禄的思维方式有独到之处。譬如,大家都在寻求最佳方案,而彭士禄更倾向于在多变量中寻求一个较为满意适度的方案。核潜艇核动力的研制过程中,彭士禄不知拍过多少板。以下是他拍板决定的几件事。

在彭士禄搞核潜艇之前有个草案,一回路主要参数:压力选为 200 个大气压。这个参数源于某国核动力船舶的设计。彭士禄经过计算,画出曲线,断然地指出这个数据是错误的。若选 200 个大气压,临界热流小,元件还会烧坏,会出大事故。他认为,根据核热工学,70 到 90 个大气压的临界热流最大,但他并不取这个最佳值,而是考虑热效率及元件的安全,取了一个满意值。在这个基础上,彭士禄选定我国使用压水堆,确定了我国反应堆的工作压力。这是一个大胆的选择和突破。后来的事实证明了彭士禄的选择是正确的。苏联当时已投入使用的"列宁号"核能破冰船,仅使用几年后就将反应堆的工作压力从 200 个大气压降到 130 个大气压。果然,过了一段时间,某国的杂志公布,他们已改 200 个大气压为 130 个大气压。而我们避免了一次大返工。这是一个有风险的拍板,但有数据说话。

为了安全,有人在蒸汽发生器加了个"安全阀",不料试车时总在漏气。这是原设计人员按常规高压设备规范设计的。他们认为应当有一个这样的安全阀,就像高压锅盖子上应当有一个排气阀一样。彭士禄根据热工计算原理,蒸汽发生器的最高压力是恒定的,不可能超压,最高温度也不会使二回路的压力超过设计压力。现在既然安全阀有点漏气,并且不好整,完全可

---

① 谢光:《当代中国的国防科技事业》(第十章 导弹核潜艇)。当代中国出版社,1992 年。

以不要它。彭士禄决定拔掉它。

为了安全,控制棒搞了9个自动停堆信号,结果试车时常停车。他说,过分安全反而不安全,他又断然去掉了几个装置。

彭士禄能够让一切参与研制核潜艇的人的智慧汇在一起产生一个"正反馈耦合"。曾经,反应堆一回路有个主泵,是个关键设备。由于一回路水是高压高温的,主泵的电机定子必须全密封。主泵还要双转速。研究人员只从外国杂志上看到一张照片,在没有得到任何情报资料下,彭士禄让人画个草图到工厂去找技术员和工人,讲清楚技术条件,特别讲清楚原理。这个以原理为中介的思维方式,产生了结果:设计者、技术员和工人的智力产生了正反馈耦合,越来越大,制造出了一个中国式的全密封的而且噪音很小的性能先进的主泵。

彭士禄还要求设计人员要参与自己设计的设备制造而且要亲自调试。设计、制造、调试三位一体使得研究工作获益匪浅。陆上模式堆试车时,蒸汽调压阀出了问题,不知问题出在哪儿。负责设计蒸汽调压阀的人员一看就判定是薄膜质量不佳,马上解决了问题。这样的例子很多。控制论鼻祖维纳指出近代新科学产生于两门科学的结合部,彭士禄认为中国式的核动力专家产生在三种能力的综合点上。

核动力院的黄士鉴对彭士禄的拍板有这样的描述:

彭部长有一点很有意思,彭部长主要的参数,我们搞核动力主参数是最重要的,他都是去算,这个应该来说比较简单的事情但谁知道很不简单,主参数自己算。在47-1室的时候他的计算尺比我们好,他是自己买的,现在的计算器高级了,用电脑了,我们的计算尺是拉的,他的计算尺很好。后来用计算器,现在商店里面还有加减乘除的计算器,当时工程用的最好的计算器会算函数,他有。他的主参数是自己算的,而且他之前跟我说过,后来因为我到院里去了,他就说:当总工,主参数一定要算,这件事很不容易实现。后来我也搞这个工程,所以好多东西我也自己算过,这是有道理的。老彭有个外号:彭大胆,彭拍板。这个真的是胆子大,敢拍板,当年的我们搞墨脱堆,特定的环境有关,当年"文化大革命"期间，只有他这样的人才行，别人不行。当年的那种特定环境下，动不动要抓反革命的，你没干错事人家还把你当反革命抓呢，按他自己说我没有尾巴好抓，我没有头发好揪，烈士子弟，这是他自己跟我说的。没有他的敢于拍板，好多工程是推动不了，而且我觉得他有个很好的作风，就是因为工程问题太复杂了，很多事情这样做是矛盾的，这个说行，那个说不行，那个说不怎么样，这个说很好，就是这种事情很多。在这种情况下面，一定要有一个负责人，敢于决断，否则不行。①

彭士禄的拍板是在严格的数量化基础上的拍板，彭士禄始终牢记周总理对核潜艇研制的指示"核潜艇我们第一次搞，试验工作要稳当一些，一步一步把工作做好，多花一些时间充分试验。要通过实验取得各种科学数据和资料，积累经验"。并提出"充分准备，一丝不苟，万无一失，一次成功"。

彭士禄拍板也有拍错的时候，拍错板之例为高温高压全密封主泵。该泵原采用垫片密封，出厂试验不漏，装到艇上，时漏时不漏。经过讨论，拍板改为"O"型环密封，结果一样。最后查阅了螺栓的设计强度，还有余量，又加大了预紧力，问题就解决了。说明这两个方案都可用，恢复了垫片密封方案。彭士禄的体会是：不怕拍板，不怕拍错板，因为拍错板可以改；最怕不拍板。

彭士禄也是一位知错能改的领导，核动力研究设计院的老专家们给采集小组举了一个例子：

我亲自参加的一个事，我们有个反应堆在运行时出了事，出事以后就相当于东西进去了，把反应堆堆芯的相当一部分给堵了，反映出来的现象就是流量降低了，当时两种观点，一种开盖，换料，这是以赵总，赵仁恺为首的一派的意见，我是支持这种意见的；一种是以彭部长为首的意见，就是说冲刷，慢慢地开堆，最多是降功率运行，他的理论就是你们要流量，原来 100% 流量，你可以发 100% 的功率，现在假如是 60% 的流量，那我就发 60% 的功率不就行了嘛，他是这种观点。最后的决定之前

---

① 核动力院访谈。2012 年 9 月，成都。资料存于采集工程数据库。

要请示军方怎么处理,争论得非常激烈。会后我给彭部长讲,没有在会上顶,你说的60%我就降功率运行,这个在宏观上来说是行的,应该如此。因为我们都是搞热工的,你是热工大组的组长,我是热工组的组员,这是对的,但实际上有个问题,微观上来说他堵的地方已经相当多了,而且局部而言,他就不是60%的问题,对某个局部就是100%的问题,我说志同道合的观念是怎么提出来的,宏观通道中60%还是通的,实际上对40%而言,有40%的地方他是100%堵了,我说危险在这,不是宏观上而言。这一说他马上懂了,他不争了。所以我说彭部长还是很能倾听下级的意见,并不是坚持。①

彭士禄自己说在从事核潜艇和核电站的工作中,他胆子太大,不善于请示,可能得罪了一些人。但在技术问题上,既然由他负责,那不能大事小事都推给上面,如果那样要他这个技术负责人干什么?所以,在技术问题上总是大胆拍板,不能因为害怕拍错就缩手缩脚,会影响整个工程的建设。

彭士禄在技术上敢干,敢于负责任地拍板,不盲目拍板,对于一些试验、运行中的数据,他都要亲自计算。他敢于拍板的基础有四点:一是概念要清楚;二是定义要确切;三是数据要准确;四是为了给国家争气要无私无畏。他经常对大家说:"干对了是你们的,干错了,我负责。但你们要拿数据说话。"他提倡技术上讨论甚至争议,这样可发现问题,减少失误。有不少在技术上和彭士禄有过很多激烈争议的人,争议后仍是好朋友。

只要有七分把握彭士禄就敢"拍板",余下三分通过实验去解决。这属于本性难移,急性子。科技人员最珍惜时间,时间是生命,是效益,是财富,有些问题要赶快定下来,通过实践看,错了就改,改得越快越好。这比无休止争论好。

用数据说话成为彭士禄日后开展核电站工作的基础,在大亚湾核电站和秦山核电站二期工程期间,彭士禄依据大量的技术计算和经济计算为核电站的投资、进度、技术主参数、电价等提供数据,进而开展管理和决策。

① 核动力院访谈。2012年9月,成都。资料存于采集工程数据库。

核动力道路上的悲情和动力

当彭士禄正在甩开膀子大干的这个时刻,"文化大革命"爆发了。当时彭士禄被扣上了"反动学术权威"的帽子①。彭士禄顶住了一切干扰,边建立试验室,边进行核潜艇核动力装置的技术设计。他一边应付着造反派们的批判,一边组织工程技术人员反复地研讨、设计、审定。当工作进入到最紧张、最关键的日子里,他96岁高龄的祖母——彭湃的母亲,一个为革命献出了6个亲人,包括儿子、媳妇和孙子的老人,却被污蔑为"地主婆、慈禧太后",日夜挨批斗;为了革命已牺牲多年的父亲——彭湃,被"四人帮"捏造材料称为"大叛徒";亲弟弟彭洪被拉回海丰批斗几十次,最后被迫害致死。1978年11月21日平反昭雪。

彭洪(1927—1968),彭湃第三子,曾任海丰县县长、华南农学院生态研究室副主任等职。母亲蔡素屏牺牲后,彭士禄被奶妈抱走收养,彭洪被一农妇收养长大后一直在家乡参加革命。彭洪曾给二哥彭士禄赋诗一首:

寄二兄仕禄②

先烈当年学马翁,无私无畏缚苍龙。

黑鞭突袭身犹健,妖雾横来心愈红。

赤县终将重解放,红城不日暖春风。

寄言兄嫂勿遥念,革命前程未怠松。

曾与彭士禄一起参加革命的堂弟彭科的首级,被造反派悬挂在海丰县城楼上达3天之久。后来,彭士禄的亲人受难的消息传到周恩来那里,总理

---

① 全国政协文史和学习委员会:《新中国往事——军事天地》。中国文史出版社,2011年。
② 《海丰诗词》总第十三期,第65页。马翁:马克思。

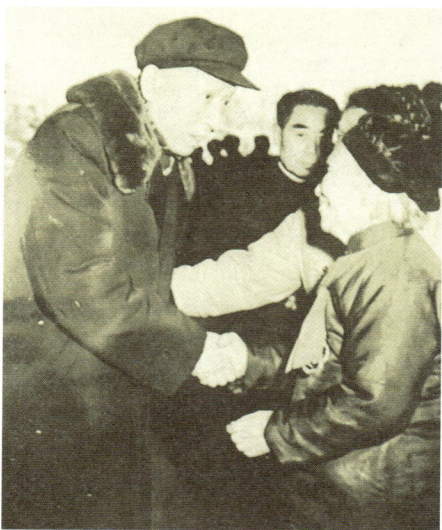

图 5-3　1956 年刘少奇、周恩来等领导人接见周凤等烈军家属

（图片说明：1956 全国烈军属代表大会上，周凤受到毛泽东、周恩来、刘少奇等领导人的亲切接见。照片左一为刘少奇、中间为周恩来、右一为周凤）

亲自下令，把彭湃的母亲从海丰接到广州保护起来。其实，早在彭湃牺牲后，周恩来就曾经派人将彭湃母亲周凤从澳门接到上海保护。1956 年周凤出席全国烈军属代表大会，毛泽东、周恩来、刘少奇接见了她。

"文革"期间，彭士禄在北京的家人也面临着危险。有居心叵测之人趁家里没有大人，只有彭士禄的一对儿女和弟弟彭洪的两个孩子在家之时来到彭家，表面上说是来家里看看，却在彭家四处转和乱翻，颇有抄家之意。还是彭士禄的妻子马淑英所在的化工学院的老师和学生听说有人到老师家捣乱，学生们自发组织来到彭家，日夜保护老师和家人，让他们没有受到伤害。

图 5-4　全国烈军属代表大会上，宋庆龄接见周凤的照片

（图片说明：1956 年 11 月 16 日，时为国家副主席的宋庆龄与周凤握手）

反应堆启堆后，为了提升功率，彭士禄连家都顾不上管；为了提升功率，他把对亲人的惦念深藏在心底。他的妻子多年患风湿性心脏病，但为了支持丈夫的事业，放弃了她所热爱并从事多年的教育事业，于 1969 年 9 月来到常年潮湿的山沟里为模式堆的启动运行而努力奋斗；8 岁的女儿突患肝炎住进了医院，而日夜都在核动力堆上拼搏的彭士禄夫妇俩却不能守护，妈妈好不容易才挤出一点时间来看女儿，而女儿却轻轻地对妈妈说："妈，别告诉爸爸我生病了，等工作完成后再告诉他。"10 岁的儿子一个人去洗澡，不慎被玻璃瓶扎破了脚，左脚大脚趾的筋全被割了，缝了 11 针，留下的残疾是大脚趾至今不能自由弯曲，但儿子同样不让母亲告诉爸爸。

彭士禄本人也被当做"反动学术权威"批斗。他知道这三代人的奉献和牺牲换来的是什么？然而耻辱和冤屈没有压垮彭士禄，他没有吭一声，默默地承受了这一切。他一天也没有离开他的事业，一刻也没有忘记核潜艇。

彭士禄在困难时期能够挺过来完成潜艇核动力装置的研究任务，这里不得不提一个人，那就是彭士禄的妻子马淑英。

1965 年核潜艇工程上马，彭士禄从北京迁到四川。随后 1969 年 9 月，马淑英带着儿子和女儿也迁到四川。马淑英从苏联留学回来就分配到北京化工学院教化学，她深爱自己的教育事业。马淑英讲课好，是学校出了名的，深受学生的喜爱。当 1969 年离开化工大学跟彭士禄来四川时，学生们很不舍得马淑英，离别之时，很多学生都来送马淑英，哭着跟马淑英拥抱，久久不能放手。来到陆上模式堆试验基地的马淑英便正式转行参与到基地建设工作上来。对于妻子的转行，彭士禄这样说："她为我牺牲很大，我很对不住她……"①全家人对他工作的支持，彭士禄这样谈道：

> 这期间，去了四川以后，老伴马淑英，从原来的专业转过来从事我的行业，做了很大的牺牲，她原来学有机化学改成无机化学，都是化学。在工作上和家庭方面是个贤内助，她有她的风格，不同的专业，反应堆

---

① 彭士禄访谈。2012 年 10 月，北京协和医院。资料存于采集工程数据库。

满功率的时候我们两个都在现场,家里女儿上学了,当时还生病了,肝炎,在医院里。妈妈来看时,还让她不要来,去工作去,女儿表现不错,当时是小学一年级。

向周总理汇报核潜艇研制工作①

在核潜艇陆上模式堆准备启动的重要时刻,周总理亲自主持了中央专委会议,听取陆上模拟堆启堆运行试验汇报。

1970 年 7 月 6 日,肖劲光司令员在海军第一招待所主持召开了工程领导小组会议,听取了彭士禄和陈佑铭关于模式堆建设、设备安装调试、试验计划、质量问题、安全措施等情况的汇报。

1970 年 7 月 15 日下午,正在基地做核潜艇陆上模式堆准备启动的各项准备工作的彭士禄,被紧急召进北京,向中央专委汇报工作进展情况。当他和基地军管会主任王汉亭、昝云龙三人来到人民大会堂福建厅时,中央各部委的有关领导同志已经在座了。

不一会儿,周总理在叶剑英、聂荣臻等十几位中央领导同志陪同下,步入了大厅。见到这么多党和国家、军队的高级领导同志来听取工作汇报,彭士禄的心情紧张、激动,有些不知所措。

周总理刚入座,第一句话就问:“彭士禄来了没有?”

彭士禄立即站起来,恭恭敬敬地回答道:“在!”

周总理向他微笑着点点头,然后转身轻声地问坐在身边的叶帅:“你认识他吗?”

叶帅毫不犹豫地说:“认识!”

周总理又转身向另一边,给身边的同志介绍:“他是彭湃同志的儿子。”

---

① 汇报工作请参考陈佑铭、彭士禄等人对老一辈核潜艇工作的领导工作的体会,以及《蘑菇云作证》一书。

汇报开始了。周总理聚精会神地听着,不时非常仔细、认真地询问着每一个环节,从反应堆的设计、设备生产,问到设备的安装、调试;从燃料元件、压力壳的质量试验情况,问到蒸气发生器和主机的运转;从控制棒的可靠程度问到试验试车中的各项安全措施。周总理问得既详细又透彻,并及时简要地作出了许多具体指示。彭士禄和其他同志迅速记录着。

　　周总理说:"你们说,现在的试验已经经过了设计、设备、安装、调试四大关,但是要记住:还有一个试验关!你们要记住,千万不要认为已经是百分之百地有把握了,就不在乎了。哪一个环节不加以注意,试验都要出问题!"接着他又精辟地指出,"科学试验与革命工作一样,既要大胆积极,又要有步骤地、稳妥地进行。当然,首先是要有敢想敢干的革命精神,但在具体工作上要做好。"周总理恳切地说:"现在要求你们要做好各种预想,要设想各种可能发生的情况,考虑各种可能。"

　　整整进行了一个下午的汇报,还未进行完,周总理要求第二天上午继续汇报。

　　次日汇报开始前,有同志问周总理:"总理,您昨晚休息好了吗?"

　　总理在沙发上轻松地挪挪身体,风趣地回答:"噢,听了你们的汇报,我兴奋得一夜未睡!"

　　彭士禄他们向周总理请示,希望能在毛主席为我国核潜艇研制工作作出批示的 7 月 18 日那一天,启动反应堆提升功率。

　　周总理听后,作了认真考虑,他指示道:"现在可以预定在 7 月 18 日提升功率,但不要赶任务,一定要安全可靠,万无一失,要以搞好为准,准备不好就不一定在 7 月 18 日启动反应堆提升功率。"

　　周总理知道彭士禄是个心直、性急、有冲劲的人,便对专项任务办公室主任陈佑铭说:"他们三个年轻人有敢想敢干的冲劲是好的,但容易考虑不周。陈佑铭同志你这个办公室主任应该帮他们把把关,不要跟他们年轻人一样去冲。我们年纪大一些的总还是有点经验吧!你要好好听取他们的意见,研究设计方案。开始联动,要注意测试数据的收集,尽量做得慢一些,细一些。"随后,周总理又补充道:"要扎扎实实地搞试验,在陆上试验成功了再下水,在今后还要使设备长期可靠地运行,运行中一定还会遇到问题,那就再研究改进嘛!"

这次中央专委会议批准了反应堆提升功率这一关键行动计划。会议结束时,周总理又再一次叮嘱:"要充分准备,一丝不苟,万无一失,一次成功。"

会议决定,彭士禄他们立即返回试验基地。周总理决定用自己乘坐的专机把有关人员送回基地。

周总理说:"我问了天气预报,11点以后天气不好,我们这个会要提前结束,10点半送你们上飞机。"

接着,周总理亲切地征求意见:"从这儿(会场)直接送你们到机场,不回家了,行不行?"

"行!"

周总理笑了:"对! 我们过去革命哪有什么家! 走到哪里,哪里就是家!"会议结束前,周总理紧紧地握住彭士禄的手,深情地说:"小彭,记住,你是海丰人,永远不要改名换姓!"彭士禄把这句话深藏在心底。周总理要他记住海丰,那是第一个建立中华苏维埃政权的地方;周总理要他记住自己是海丰人,就是要他继承和发扬海丰人民无私无畏的英勇革命的斗争精神;周总理要他永远不要改名换姓,那是因为在血雨腥风的时代里为了免遭国民党反动派的残害,他不知姓过多少个姓,换过多少次名,最后还是党给他恢复了原姓,取了属于他的名字。

彭士禄、陈佑铭刚到基地,就接到罗舜初副主任打来的电话:周总理刚才来电话,问你们到了没有,有什么消息要随时报告,确定启堆时间后也必须马上报告;启堆后,电话线路必须保持畅通,已通知电话局和军区注意。当报告启堆时间后,周恩来又给罗舜初去电话:"不要急,要仔细做工作,把工作做好为原则。"①

周总理通过电话,随时了解着情况。周总理电话指示:"要加强现场检查,越是试验阶段,越要全力以赴,一丝不苟地做细致工作,这样,才能符合要求,取得全部数据。"

---

① 中国大三线报告文学丛书编委会:《蘑菇云作证》。四川人民出版社,1993年。

核潜艇的研制成功,始终渗透着老一代领导人对核潜艇工作的关心。在核潜艇的研制过程中,每一个重大步骤和环节,周恩来自始至终都亲自听取汇报,亲自坐镇指挥,做出具体指示和部署。聂荣臻经常召集赵仁恺、陈佑铭、彭士禄等人汇报相关工作。彭士禄在核潜艇研制工作完成后,曾与夫人马淑英一起去探望聂荣臻夫妇。

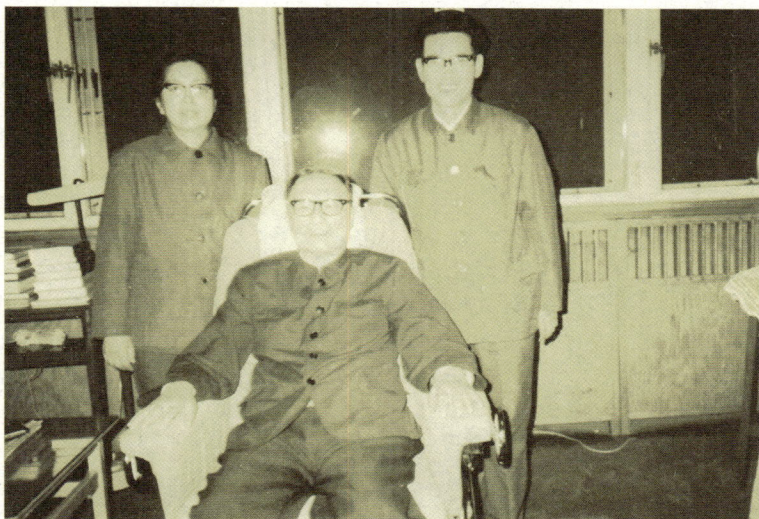

图 5-5 1983 年彭士禄拜访聂荣臻

(图片说明:1983 年 1 月 15 日,彭士禄夫妇拜访聂荣臻,在聂荣臻家与其合影)

以下内容是曾参与核潜艇研究的陈佑铭对老一代领导人关心核潜艇工作所作的诗词。

永记周总理领导两弹及核潜艇研制的功勋(如梦令)[①]

总理丰功勋绩,领帅尖端神力。两弹很成功,原子潜艇无敌。今忆,今忆,饮水思源情激。

一九九七年三月

---

① 陈佑铭:《陈佑铭词集》。中国戏剧出版社,2000 年。

缅怀聂荣臻元帅(鹧鸪天)①

统率雄狮漫卷东,驱倭扫伪气吞虹。战功卓著标青史,晋冀扎根遍地红。原子弹,爆声龙。核潜机舰树雄风,卫星两弹腾飞起,领导科研汗马功。

一九九八年一月

回忆周总理领导研制核潜艇②

京城美好梦,"0·9"几亲躬。决策科研问,钱材也费工。双关幽默语,统帅导师容。总理如高寿,潜艇两代终。③

一九九六年七月

集体力量的一次大胜利

1970 年 8 月 30 日,中国第一座潜艇用核动力装置陆上模式堆首次达到设计满功率。陆上模式堆的一次试验成功,为第一艘核潜艇的按时下水提供了充分的有利条件。

1971 年 4 月起,首制核潜艇进行系泊试验。核动力装置的一回路辅助系统冷试车,主载热剂系统水压试验,二回路系统试车等,均采取了陆上模式堆相类似的试验程序。5 月底,反应堆安全达到冷态临界;6 月下旬达到热态临界。在反应堆和一回路继续升温、升压过程中,虽曾出现了一些故障,但都及时得到排除。

1971 年 8 月 23 日,中国首制核潜艇完成系泊试验后,开始进行航行试验,1972 年 2 月 3 日,首制艇进行第十六个航次试验,主机由低速转高速时蒸汽发生器出现故障,技术人员和工人当即冒着高温、超剂量、奋不顾身地

---

① 陈佑铭:《陈佑铭词集》。中国戏剧出版社,2000 年。
② 陈佑铭:《军海诗草》。武汉市江夏区人民政府,内部参考资料,1996 年。
③ "0·9"为核潜艇工程代号。

进入反应堆舱抢修,表现出大无畏的献身精神。719所工程师李宜传是彭士禄的助手和战友,当时任自动控制研究室主任,参加了潜艇核动力装置从方案论证、设计、试制、安装、调试、启动运行直至核潜艇的调试与试航的全过程。在核潜艇试航阶段,李宜传始终坚守在岗位上。因长期辛勤工作,积劳成疾,在现场工作中因心肌梗塞突发献出了年轻的生命,牺牲时还不到40岁。首制艇经过20多次出海试航,反应堆运行了数千小时,主机运行了数百小时,累计航行数千海里。

彭士禄他们用了6年时间和智慧心血铸就了一个成功的事实,创造了一个伟大的奇迹。这6年的核动力创新,使彭士禄在1979年被国防科委、国防工办联合任命为中国第一任核潜艇总设计师。黄旭华、赵仁恺、黄纬禄为副总设计师。彭士禄作为总设计师,除了他的专长核动力,还及时有力地解决了跨部门的许多技术协调问题,如鱼雷、惯性导航等,又为后续艇的建造做出了贡献。

回忆艰辛的历程,彭士禄说:"我们的成功靠的是什么?除了中央的决心、英明决策和领导的支持外,靠的就是爱国之心、群体的智慧与合力,靠的是一股孺子牛的犟劲。我们相信自己的力量和智慧。在整个核潜艇的研制过程中,不知有多少艰难险阻,多少技术难关,多少协作项目,都是靠所有参加研制工程人员的高度责任心,同心同德、齐心协力,不计任何名利报酬,严格按科学规律,历尽艰辛地奋斗才取得成功的。在这一宏伟工程中,我只是和他们一样地努力尽职尽责,做了铺砖添瓦的工作。"

一次,在葫芦岛,彭士禄参加核潜艇的后续研究,彭士禄一直患有胃病,胃疼了20多年,但从不看病,只顾工作,毫不顾及自己。在一次现场调试的紧要关头,他胃疼得厉害,额头上渗出豆大的汗珠,汗水湿透了全身。他被抬到工地医务所,医生诊断为急性胃穿孔,若不及时处理就有生命危险。领导和同志们焦急万分,立即与北京联系。北京闻讯后,由海军首长派专机将海军总院外科骆主任和麻醉师送到工地。手术立即在工地现场进行,切除了胃的四分之三。手术时,医生还发现他的胃上还有一个已经穿孔而自行愈合的疤痕。医生说:"彭士禄的忍耐力太强了!"可他还是那句老话:"不怕

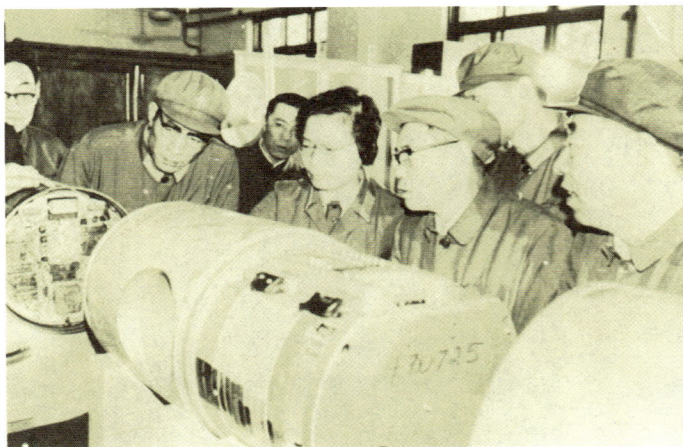

图 5-6　彭士禄视察鱼雷研究所

(图片说明:1976 年左右,彭士禄视察鱼雷研究所。右二为彭士禄;右三为聂力[1])

死,就死不了!"特殊的性格锤炼了他的忍耐力,也铸造了其特殊的生命,他确实死不了。手术后第三天,驻地海城发生强烈地震,他被同志们用担架抬出来,送上飞机回到了北京。在海军医院住院仅仅一个月,他又开始了超负荷的工作。

核潜艇全艇设备、仪表、附件达 2 600 多项、4.6 万多台件,电缆总长 90 余公里,管道总长 30 余公里,艇内设备的密集度很高。核潜艇总体设计不仅要根据作战使用要求,将其复杂的系统、设备合理地布置在艇内,充分发挥人—机效能,而且要保证众多的艇员具有良好的工作和生活条件。为解决这些难题,仅用一年多时间建造了一个 1∶1 全尺寸钢木模型。设计、安装人员和部队使用人员通过现场设计、模拟安装、模拟操作,发现和解决了大量安装、维修、操纵等方面的问题,并经过反复平衡、调整和修改,确定了全艇设备、仪表的布局,管路、电缆的走向及耐压艇体上 1 000 多个开孔的位置,保证了总体施工设计的一次成功。

1968 年,核潜艇开工建造,在不太长的时间内,突击完成了 700 余份图

---

① 聂力,聂荣臻之女。

纸资料,并有50％的科技人员先后下厂紧密配合,协同施工。核潜艇建造厂组织了艇体建造与设备安装两大"战役",在艰苦的工作和生活条件下,组织技术人员、工人、干部三结合,开展技术革新和设备改造,保证了潜艇按时下水。

在反应堆压力壳与基座的焊接时,焊接工人要在200度的高温与酷热下进行焊接,彭士禄也一身工装与工人对话。在立体交叉安装的装置铁壳里,彭士禄与技术人员、工人一起扳螺丝、接线头。几乎24小时都和技术员、工人在一起。

潜艇陆上核动力装置反应堆的安装,是整个工程至关重要的关键问题。当年,第一次试装时,燃料元件不能装入吊篮,有人提出退货,有人扬言要抓破坏分子,抓阶级斗争这根弦,议论纷纷。彭士禄要大家不要乱扣帽子。"文革"时期,一切规章和检验制度难免受到干扰。他说,退货已来不及,要求质检人员检查分析原因,寻求抢救办法。他组织12人的抢修队用"研磨棒"研磨吊篮内栅格孔,12人轮番上阵,研磨过程中,有的人手经常受伤,血肉模糊。经过15个日夜的奋战,这道难关被攻克了。

1971年8月,中国第一艘核潜艇开始了第一次航行。彭士禄认为核潜艇还有许多技术上的细节需要改进,仅仅能航行是远远不够的,它要有实战攻击的能力,要能承载导弹的发射,新一代的核潜艇等待投入建造,同时原子能的和平利用有待汲取核潜艇的经验。

彭士禄和相关采访人员都强调核潜艇绝对不是一个人的功劳,而是很多人集体力量完成的。

图5-7 中国第一代核潜艇研制成功纪念盘
（图片说明:20世纪70年代我国第一代核潜艇研制成功,这是首制艇纪念盘,是彭士禄家里三个宝贝之一）

图 5-8　1985 年彭士禄与核潜艇合影

（图片说明：1985 年彭士禄参加后续艇的研制和调试工作时，与核潜艇合影）

图 5-9　1985 年第一代核潜艇四位总设计师合影

（图片说明：1985 年导弹核潜艇深潜试验成功后，与其他几位总设计师合影。左起：
赵仁恺、彭士禄、黄纬禄、黄旭华）

曾经参与过潜艇核动力设计研究工作的退休职工赵国玺曾在1974年创作了一幅国画《中国核动力之源》：

图5-10　中国核动力之源

该画作描写了从事核动力研究设计的人员，他们响应毛泽东"核潜艇，一万年也要搞出来"的伟大号召，肩负起建设强大海军、振兴中华的历史重任，历经艰难险阻，建造出我国核潜艇陆上模拟堆，展示了安装、调试、试验的壮丽场面。作者赵国玺，1963年10月到1987年年底，一直在中国核动力研究设计单位工作，亲眼见证了中国核潜艇从无到有的发展。1974年10月左右，核动力院宣传部门为丰富职工文化生活，决定在1975年春节举办《职工业余美术展览》，该画作在该展览上展出。该幅画作上有参与过核潜艇工作的总设计师和重要领导的题词以及主要参与人员的亲笔签名，包括刘杰、赵仁凯、黄旭华、陈佑铭等。画作题名"核动力之源"就是出自彭士禄笔下。

国防工业出版社出版的《回顾与展望——新中国的国防科技工业》一书中，彭士禄和赵仁恺一起回顾并完成关于《参加我国核潜艇研制工作的体会》一文。对于当时潜艇核动力装置完全从零开始做起到最后成功，是一次集体力量的大胜利，该文中，彭士禄和赵仁恺提出：

　　核潜艇的研制是一项很复杂的系统工程。因此,加强统一领导,统一指挥,大力协同,是保证高质量和按时完成任务的极重要措施。为此,国防科委成立了核潜艇工程办公室,以便实行工程的总协调和指挥。在国务院和中央军委决定成立核潜艇工程领导小组后,该办公室划归该领导小组领导。同时各主要工业部门和研究院也先后成立了工程办公室,负责本部门内的有关项目的组织、协调和决策。70年代末,原国防科委、国防工办又联合任命了核潜艇总设计师、副总设计师并成立总设计师办公室,对重大技术问题进行协调和决策。

　　各部门在核潜艇工程领导小组及其办公室的统一领导和指挥下,从全局出发,群策群力,大力协作。例如,反应堆压力容器的攻关,它的钢材是由冶金部钢铁研究院研制的,在第一重型机器厂进行工业冶炼,而焊材是由哈尔滨焊接研究所研制的,容器商体内部的不锈钢堆焊工艺是由上述三个部门共同协作攻关完成的。又如反应堆主回路系统的全密封式冷却剂泵,全密封电机由哈尔滨电机厂研制,而泵体由沈阳水泵厂研制。他们成立了联合攻关组,彼此密切配合,联合攻关,终于按时保质保量提供了优良的冷却剂泵。在整个核潜艇的研制过程中,不知有多少艰难险阻,多少技术难关,多少协作项目,都是靠这种同心同德,齐心协力不计任何名利报酬,历尽艰辛,才取得丰硕成果的。

　　彭士禄1997年发表在《现代舰船》的文章《中国“巨鲸”——人民智慧的结晶》中说道:“参加研制核潜艇工程的每一个人,所做的每项工作,都是严格按照科学规律,一丝不苟地去努力奋斗的,他们才是真正的英雄,我深感核潜艇这样巨大复杂的工程,只有领导决策正确,大力支持,群众积极奋斗,大力协同,才能取得事业的成功。[1]”

　　彭士禄在核潜艇上马期间的主要成果如下:

　　(1) 1965—1967年,在核工业部二院二部任副总工程师,主持核动力装置的施工设计。由于质量高,很少返工,提前4个月完成任务。

---

[1]　彭士禄:中国“巨鲸”——人民智慧的结晶。现代舰船,1997(144)。

（2）1967—1971年，在陆上模式堆试验基地任副总工程师兼革委会代主任，主持核动力装置的安装、调试和启动运行工作，保证了核潜艇按计划出海航行试验。

（3）1971—1973年，在核潜艇总体设计研究所任副总工程师、兼副所长、参与核潜艇的试航工作。由于及时分析异常现象，排除故障，保证了安全航行。

在此期间出差上海，听取了上海728院关于建设熔盐堆核电站方案，他认为熔盐堆存在极难维修等问题，否定了熔盐堆方案，建议采用压水堆方案获成功。

（4）1973—1979年，在舰船设计研究院任副院长，主管导弹核潜艇的研制和鱼雷核潜艇续建的技术工作。及时协调解决核潜艇研制建造中出现的各种技术问题，保证每条艇按期交付海军使用。

（5）1979—1983年，在造船工业部任副部长、总工程师、核潜艇总设计师。协调解决军品的科研和生产中跨部门的各种重大技术问题。

第六章
关注能源发展　立足核电站事业

熔盐堆和压水堆之争

1951 年,美国在一座小型反应堆上第一次实现了原子能发电的尝试。1954 年,苏联建成了世界上第一座可以向电网送电的原子能试验电站。我国能源界许多仁人志士开始看到了原子能和平利用的曙光,看到了原子能发电在未来能源领域的前景。早在 1956 年,联合国发起并召开了世界第一次和平利用原子能大会,当时正值我国掀起全民"向科学进军"的热潮,人民日报社曾刊发"大办原子能"的社论,由此调动了国内有关部门、一些省市、科研单位和大专院校等对和平利用原子能、发展核电的新思维、新思考,并开始拟议实施方案、启动人员培训等。

当时,水电部在全国电力工业十二年科技规划中,提出了和平利用原子能,即发展核电的建议。1958 年,由国家计委、经委、水电、机械、高教部和科学院组成了我国原子能工程领导小组,拟议了我国首个核电项目,代号为"581"工程,意思是 1958 年第一号工程。鉴于当时国内技术和实践基础还比较薄弱,曾设想,我国首座核电站的建设能获得苏联援助,建成一座苏联式的石墨水冷堆核电站。但是,经历了20世纪50年代末到60年代初苏联专家撤走以及自然灾害的三年困难时期,该工程被迫停止。60年代初,由上海交通大学(270教研室)提出设想和方案,国家批准在上海建一座小型核能发电试验装置(代号"122"工程),该工程受"文革"磨难,几经周折。在筹备人员的努力下,坚持不懈,队伍不断扩大,主要骨干移师上海"728"工程,成为我国首座核电站研发的中坚力量[①]。

　　1970年春节前夕,时任国务院总理、中央专门委员会主席的周恩来同志,在北京听取上海市有关方面对该地区缺电情况的汇报时,坚定地表示,我们不能光有"弹"而没有"电",要设法缓解上海电力供应不足的问题,同时,更高瞻远瞩地指出:"从长远来看,华东地区缺煤少油,要解决华东地区用电问题,需要搞核电。"2月8日,上海市革委会紧急召集市科技组、工交组、文教组等单位开会,传达周总理关于建设核电站的指示精神,研究落实措施。从此,上海市开始紧锣密鼓地进行各项筹建核电站的工作,此后,上海市将"122工程筹备处"改名为"728工程处"。根据国防科委建议,周恩来同意将上海"728工程"归口二机部,二机部随即抽调欧阳予等一批反应堆专业人员支援上海。确定筹建核电站的工程代号为"728"工程。经过一番筹备,8月24日,正式成立七二八工程处(又名上海市七二八工程会战办公室)。由此,以项目为依托,正式开始了我国自行研究、设计,自行建造核电站的探索。后来它被正式列入核电在中国起步的第一座核电站。

　　中国核电发展策略争论由来已久。"728"工程起步之初,较早投入"728"工程方案研发的人员最先提出采用熔盐堆技术方案。1970年12月15日,周总理主持中央专委会听取了对这一方案的汇报。在这次汇报会上,周总理语重心长地提出了建设核电站要遵循"安全、适用、经济、自力更生"的四条原则。时值"文革"期间,该工程由"工宣队"主管。中国的核电究竟该走哪种技术路线? 当时说法不一,熔盐堆方案和压水堆方案两套方案如何取舍成为争论的焦点。

　　这时国内核科技界出现了激烈的争论。两种观点尖锐对立:一种主张

---

① 汤紫德:《核电在中国》。江苏人民出版社,2007年。

采用压水堆型,理由是技术成熟,堆容量大,运行经验多,造价和发电成本低,国内在设计、建造和运行上已有一定经验,低浓铀的生产已形成能力;另一种主张采用重水堆型,理由是可使用天然铀,且天然铀需求比压水堆少,产钚比压水堆多,后处理相对简单,发电成本低。

什么是熔盐堆技术方案? 这种堆型,当时在世界上尚处于理论研究阶段。它是一种液态燃料堆型,由熔融的钠、铀等氟化物混合循环液体作燃料,石墨作慢化剂,其堆芯结构简单,不需要堆内构建,也不必制造燃料元件,而且可以利用钍资源,在系统闭式循环中能够使燃料增殖。这种反应堆堆芯产生的裂变能,由熔盐通过多级中间热交换传至能量转换系统。理论研究证实,这种堆型具有很高的热效率。但是,对这种堆型的安全性、经济性,以及建造、运行、维修的可能性,当时都缺乏足够的论证。经过一段艰辛之后,参与"728"前期工作研究的人员,逐渐察觉到采用熔盐堆方案在当时的条件下很难成功。熔盐堆方案已经走不通了,只有另择方案才有出路。当时正值"文化大革命"期间,由于种种原因,难以及时调整。

鉴于"728"工程在当时得到各界关注,业内专家尤其如此。彭士禄了解到上述情况后,义不容辞向有关方面阐述了自己的意见,使堆型技术方案的难题很快走出了死胡同。在一次方案汇报会上,彭士禄明确表态认为熔盐堆方案看起来很先进,但从实际出发不可行,应予否定,并建议改为压水堆方案,容量可暂定为 30 万千瓦,因当时国内火电厂单机容量最大也为 30 万千瓦。

据彭士禄讲述,他曾明确表示:"熔盐堆技术不成熟,一旦出问题,堆芯凝固,再也没法启动了;我们核潜艇采用压水堆,有设计、研制和运行的经验,'728'应该利用这个经验,放弃熔盐堆,采用压水堆。压水堆在世界上已是最成功的堆型。"

彭士禄的意见得到"728"工程总设计师欧阳予及大多数工程技术人员的共鸣。同时,有效抵制了部分人热衷于重水堆方案的干扰。1972 年,国家计委发文,明确"728"工程由二机部归口后,工程处派人赴京汇报,经过讨论,与会人员赞成放弃熔盐堆方案,提出了建设 10 万~30 万千瓦压水堆原型示范电站的意见。1973 年间,上海市革委会和二机部先后两次向国务院提出改变堆型方案的报告,专门聘请彭士禄担任"728"工程技术顾问。通过当初科研、设计人员的设计论证,并逐级向上海市主管单位及中央报告。

1974 年 3 月,中央专委批准了这个方案,并列入国家基建计划。1974 年 3 月 31 日,周总理再次主持中央专委会,听取"728"工程技术方案汇报,审查并原则上批准了 30 万千瓦压水堆核电站方案,明确作为科技开发项目列入国家计划。彭士禄也参加了此次会议,在此之前,彭士禄已经否定了熔盐堆方案。在这次会议上,当汇报到核废料的处理办法时,彭士禄补充了一条:可以采用固化处理后深埋在大山中。周恩来听了立即问道:"这是你留苏时学来的办法吗?"彭士禄回答:"不是,是想出来的。"周恩来引导道:"大胆设想是好的,但是还要经过实践的考验。"在这次会议上,周恩来明确指出:"核能的研究要为子孙后代着想,要想到 21 世纪的斗争。"

以下内容是采集小组访谈崔广余研究员时,他对当时争论情况的描述:

> 当时在核工业部内部讨论我们国家以什么堆型为主,已经争论了很长时间,也没得到统一,一种是发展压水堆,一种是发展沸水堆,还有提成高温气冷堆。应该说从当时的国家条件来说,发展哪个堆型,关键取决于你的配套系统是走什么路线,当时大家众说纷纭。因为学者都说着各自的道理,最后国务院拍板确定压水堆路线,在这里彭部长和欧阳院士都起了很大的作用。因为我们国家的燃料系统走的这套路线是以油燃料为主的,所以我们好多基础研究对压水研究基础比较好,如果要走沸水堆的话很多基础还是比较薄弱,所以最后确定走压水堆路线。[1]

压水堆方案得到认可后,彭士禄带领 40 多人到上海与 728 院的同志汇聚在一起,开展压水堆 30 万千瓦方案设计,确定主参数、系统配置、主设备选型等工作。秦山核电站一期工程就是在这个方案的基础上进行设计的。中国首台核电机组选择压水堆路线,为后续我国核电走"以压水堆为主的技术

---

[1] 崔广余访谈。2012 年 6 月,北京核电大厦。资料存于采集工程数据库。

路线"起到了关键作用,使中国核电走上了健康发展的良性轨道。由此建立了我国第一个核电基地——秦山核电基地。

图 6-1　彭士禄从事 30 万千瓦压水堆计算手稿

(图片说明:彭士禄记录该笔记时,正值秦山一期(728 工程)建设初期,该笔记反映了彭士禄参与"728 工程"对 30 万千瓦核电站建设主参数的计算。笔记本封皮写有"09-30 万千瓦计算,1972 年 9 月启用",吕娜摄并提供)

争论的后续

1977 年,中法两国政府达成协议,由法国提供贷款与中国开展经济技术合作。1978 年,国务院批准从法国引进包括两套 90 万千瓦机组的核电站,由此又引发了自力更生的争论。1978 年 8 月 11 日,一机部向国家计委提交《关于停建 30 万千瓦压水堆核电站项目的报告》,建议与法国和罗马尼亚合作。二机部认为,上海"728 工程"在科研、试验、设计、设备制造等方面已取得进度,技术上有把握。1979 年 1 月 13 日,国务院副总理谷牧召集国家计委、国防科委、国家建委、一机部、二机部和水电部领导人开会,各方争执不下。一机部及水电部认为,应以先进技术为起点,停建"728 工程"(即 30 万千瓦压水堆核电站),发展核电站从 90 万千瓦开始为宜。时任国防科委副主任、核学会副理事长的朱光亚认为,建设上海核电站这样的原型堆,对于掌握技术和培养队伍,是必须要走的一步。同时,对于掌握和消化引进技术也是有好处。争论的结果是:三票赞成,三票反对。1983 年 1 月的回龙观会议就是在上述背景下召开的。

1983 年 1 月 12 日到 18 日召开核电论证会,地点在京郊回龙观公社的宾馆(一座小二层楼和数排平房),因此这次会议被大家简称为"回龙观会议"。70 多个单位的 130 多位专家教授和领导出席论证会。国家计委副主任黄毅诚主持大会开幕式并发表了关于自力更生发展核电的讲话。随后,国家科委吴明瑜委员发表了长篇讲话,支持引进国外先进核电站,反驳自力更生论。一机部和二机部设备厂的厂长们从企业发展的角度考虑,极力主张自力更生发展核电。国家科委、水电部的专家基本上反对建造 30 万千瓦原型堆核电站,主张进口 90 万千瓦核电站。王淦昌在大会上作了题为"在发展我国核电事业中正确处理引进和坚持自力更生原则的问题"的发言。他指出:"我们不能用钱从国外买来一个现代化,而必须自己艰苦奋斗,才能创造出来。我们的头脑必须清醒,设备进口也好,技术引进也好,合作生产也好,这些统统是手段,目的则是为了增强自力更生的能力,促进民族经济的发展"。他强调,国家的核能技术政策重点中提到:"国家已批准建造的 30 万千瓦压水堆核电站,应继续抓紧建成,并使其在培训、练兵、积累经验、消化吸收引进技术等方面更有效地发挥作用。"他还结合自己从事科学研究研制设备的体会说:"百鸟在林,不如一鸟在手",形象的强调了自行设计建造 30 万千瓦秦山核电站的重大意义。王淦昌的发言,被与会的多数专家和领导接受。

1984 年 4 月 17 日，时任国务院副总理的李鹏同志出席中国核学会第二届代表大会闭幕式，他在讲话中特别指出："过去长期争论的问题：搞不搞核电，搞什么堆型，搞多大容量，是自力更生还是引进技术为主，要不要自己制造设备等类的重大问题，在去年经过充分的论证以后，就作了结论……过去在这些问题争论的过程中，很多同志曾经有过一些不同的意见，这是完全正常的，在没有做决定以前，应该允许大家充分地展开讨论……正因为有了这些不同意见，经过充分的讨论，才能得出比较合乎我们国情的决定。就是说，经过充分的民主以后，党中央、国务院才有条件把这些意见集中起来……当然一旦做出决定以后，在行动上，至少是在行动上应当按照党中央的决定、国家的决定努力去执行，即在行动上一定要统一。"[1]

今天，伴随全球低碳经济发展的需要，中国核电建设迎来了新的春天。当回忆起 27 年前的回龙观会议时，许多参会的老领导和老专家都认为那次大会基本上形成了热堆、快中子增殖堆和聚变堆"三步曲"核电发展战略，压水堆为主流堆型以及采用闭式燃料循环体系的三点共识。

"728"工程为秦山核电一期工程，随后建设了二期、三期工程以及二期扩建工程。1991 年 12 月 15 日凌晨，秦山核电站首次发出电力，成功并入华东电网。从此，结束了中国大陆无核电的历史！

广东大亚湾核电站的垦荒牛

继开展秦山核电站建设之后，我国又启动了大亚湾核电站的建设工作。作为改革开放后的第一大项目，中央任命彭士禄为大亚湾项目总指挥。当时，广东省电力局提出发展核电的构想。他们欲借外方之力合资开发核能源，于是找到了合资伙伴香港中华电力公司。双方有了合资意向之后，广东方面便向国务院打了报告。当时的国务院主要领导表示支持，但觉得没有

---

① 有关此部分省略掉的详细内容参考《纪念核学会成立 30 周年》。

经验和把握。于是，广东方面又提出找一位核专家来把关指导，国务院便"钦定"了彭士禄。因此，彭士禄便有了从六机部副部长、核潜艇总设计师、总工程师到水电部副部长、广东省委常委、大亚湾核电工程总指挥、董事长等人事关系的变动①。

1983年2月彭士禄正式调任水利电力部副部长，同时被任命为广东大亚湾核电站筹建总指挥，负责广东核电站工作。彭士禄带领参加过核潜艇工程的10名技术骨干来到广东。他们在不到15平方米的蛇口招商局的房间里。早上吃方便面，或由秘书用电饭煲煮面条，中午由秘书到外面买来快餐盒饭。这就是副部级的彭士禄生活待遇。彭士禄每月底均返回北京述职一次②。对广东核电站的建设，彭士禄很是重视。虽然他的夫人、孩子均在北京工作，而他本人几乎常年住在深圳核电大楼，亲自上阵指挥，工作起来，有时几天几夜不睡觉。

1983年9月3日，国务院以国办发[1983]74号文下达了《关于成立国务院核电领导小组的通知》。《通知》确定国务院核电领导小组由国务院及相关部委负责人组成。确定由国务院副总理李鹏担任组长，国家计委副主任黄毅诚任副组长，成员有国家计委副主任王德瑛、国家科委副主任杨浚、国防科工委副主任伍绍祖、国家经委副主任林宗棠、外交部副部长钱其琛、核工业部部长蒋心雄、水利电力部副部长彭士禄、机械工业部顾问王子仪、对外经济贸易部副部长魏玉明，共11人。统一组织领导全国核电发展及核能和平利用各项工作。即：提出核电发展方针，确定重大技术方案，统一组织对外谈判，协调各部委之间的矛盾。彭士禄所在的水电部负责核电站的总体设计和建设，核电站常规岛的工程设计、土建和安装，核电站的整体调制、运行和管理。

广东电力局做了初步的选址工作，勘察了4个地点，但难以敲定。彭士禄对4个地点考察权衡后，把核电站地点选定在大亚湾。回忆当时的选址情况，他欣慰地说，较之其他3个地点，大亚湾有更多的优越条件：大亚湾在香

---

① 参考彭士禄相关的人事档案。资料存于采集工程数据库。
② 《香港东方日报》，1983年11月12日。

图 6-2 1984 年彭士禄陪同李鹏视察大亚湾工地

（图片说明：1984 年 4 月彭士禄陪同李鹏视察大亚湾核电
站工地，左二为李鹏；左三为彭士禄）

港 50 公里以外，离深圳也有 40 公里左右，且附近的海水平净，冷却水源充
足，淡水来源丰富，山坡矮小便于施工，又只有一个小村庄几十户人家的移
民工程，更主要的是这里的地质构造好，没有发生过地震……在大亚湾，彭
士禄把握了核电的发展前景，在总图设计上颇有前瞻性。在当时的国际环
境里，仅法国愿意向我们出让核电技术，彭士禄就同法国核电专家进行谈
判，让他们做了 4 台机组的总图设计。但香港投资方有顾虑，他们还没看到
核电的潜在效益，只建设了两台。不过彭士禄心中有数，没有因他们的顾虑
而改变自己的决定，他坚持按总图征集了土地。

广东核电站的选址经过 4 年来的工作，获得了有关水文、气象、地震、地
质方面大量可靠的资料。经过充分研究，对各种方案反复比较筛选，麻陵角
交通方便，地质情况稳定，水源充足，施工土石方量小，施工场地宽敞，给排
水方便，广东核电站厂址最终选择在深圳大坑村的麻陵角。

香港人尝到了甜头，又在彭士禄当时征地范围内建设了两台机组。彭
士禄到大亚湾考察时，电站的朋友们说，彭总真有眼光，有气魄，在当时国家
还没有立项的情况下，就征地并搞了"四通一平"（通路、通水、通气、通电，平整

土地)工程,而且没有遗留任何问题,他们之后都是接续彭士禄的办法干的。

要完成好"四通一平"工程,一个不可忽视的环节是要把移民安置好,尽管只有几十户人家,若欠妥,也会带来很多麻烦。彭士禄对移民没有经验,但他把握两点:一是要按政策办事;二是要满足移民们的利益要求,该给他们的一点也不能少。

"四通一平"工程是通过招标完成的。当时没人写标书,彭士禄也不会写,但他会算,他认为与标书的写作相比较,工程计算更为重要。经他计算要挖 700 万立方土,他又精打细算,把每立方的造价定在了 12 元。

彭士禄与当地政府协商,要尊重移民的愿望,由村民们自己选择搬迁的地点,然后为他们盖房,每户两层楼,连带坟墓迁移(部分是香港人的)。树木赔偿等等都在一年之内全部完成。彭老回忆说,我们一步到位干得很彻底,村民们以积极的姿态支持大亚湾核电建设,都高高兴兴地搬迁了。

彭士禄善于就地取材,他想就着电站附近的一条大水沟修筑一个堤坝蓄水,供应核电站每天所需的 10 000 立方米淡水。但也有人不同意,担心堤坝垮塌给电站带来后患,建议从 50 公里以外的一个水库引水。彭士禄认为这个建议也不无道理,倘若垮坝岂不殃及电站? 可他没有停留在这个建议上,而是反复考虑。他想,若没有附近这条水沟,从 50 公里外的水库引水不失为一个很好的途径。可有了这条可利用的水沟,还要从 50 公里以外引水,这种舍近求远的做法并非上策。一方面与民争水,一定会发生矛盾;另一方面也不安全,50 多公里的管道很容易破坏。垮坝当然是危险的,但坝为何会垮呢?那肯定是没有修好嘛。我们建个质量一流的堤坝,其危险就可避免了。

彭士禄坚持就近取水,修了堤坝,如今这堤坝固若金汤,安然无恙。

1984 年 4 月 17 日,时任国务院副总理的李鹏同志出席中国核学会第二届代表大会闭幕式,他在讲话中特别指出:"一项重大的决策就是批准秦山核电站的建设。按说这个电站的容量是小了一点,但这是历史的产物,是在 70 年代,当时还没有打开国际合作局面的时候,是自力更生的一个产物,并且已经做了相当的深度。我们也还准备合作,如果万一不行,我们自己还有一个后路。同时,自己搞一个,对同国外先进行技术合作,便于掌握,也便于消化,这是有好处的。所以,中央下决心把这个工程搞上去,而且为了加快进度,也购买了部分国外的设备,像压力壳、主循环泵,买外国的以后把原来的内容也提高了,把握性更大了。

经过长期的讨论后,确定了广东核电站用法国的技术,用英国的汽轮发电机,和香港合营,中国和英国的资本合营,利用英国的资本,占领香港用电市场,通过借款来偿还。因此这个项目,不仅是个大型核电站的起步,而且是到目前为止中外合资经营企业的一个最大的项目。我们执行对外开放政策,希望这个成为一例典范。经过长期紧张的准备,这个项目已经开工了,当然还有大量的工作要做。"①

紧接着,彭士禄开始与法国进行技术谈判。他找来一个法国电站做参考,了解了法国电站的技术情况,设备价格等等。为了加快与香港中电、法国、英国的谈判,他集中了一批精兵强将,组织了强有力的谈判班子。经过努力,与香港中电谈妥了出资比例、电量分配比例,只剩下电价和输配电分工与接口;对法国谈判确定了参考电站和 M310 技术,剩下供货范围、选项和价格;与英国的谈判,因 GEC 生产过 60 万千瓦和 120 万千瓦汽轮发电机组,但未生产过 90 万千瓦机组,还要摸清 GEC 的技术底细。

彭士禄认为,广东核电走的引进、消化、吸收再创新之路是正确的,对我国核电的发展起了积极的作用。我们提倡自力更生,自主创新建设我国的核电。自主创新有两方面的含义:一是原始创新,完全自主发明;二是引进、消化、吸收

图 6-3　核岛模型

(图片说明:1980 年代彭士禄开始参加核电站建设工作,这是法国公司赠予彭士禄的核电站核岛模型,是彭士禄家里三个宝贝之一)

① 《中国核学会 30 年》,第 126 页。

再创新,这也是一种创新。我们的核电站应该走出一条原始创新的路来。同时,引进、消化、吸收再创新也是可取的,它可以缩短我们探索的过程……

彭士禄说,他在大亚湾学到了三点:一是懂得了一些经济;二是验算了法国核电的主要参数;三是学到了点管理学。他提出了三大控制——进度控制,投资控制,质量控制,告诉大家,若耽误一天工期会损失 100 万美元。对于这件事,黄士鉴跟我们说:

> 有一点让我感触很深的是彭部长曾经在广东大亚湾核电站的时候他当过领导,他当时是广东省委常委,大亚湾核电站的董事长。当时我记得彭部长提出的一个口号,现在来说觉得很平常,当年这么提很不简单,时间就是金钱,就要抢时间,抢速度,我亲耳听他跟我说过,抢到 1 天 100 万美金。他自己跟我说的,大亚湾两堆机组,提前 1 天 100 万美金,你耽误 1 天就丢 100 万美金。不像现在中国人觉得自己有钱了,当年 100 万美金是吓死人的一个数,所以我说彭部长这么考虑的,相当的不错。

20 世纪 80 年代初,在筹建大亚湾核电站前期工作中,以其《关于广东核电站经济效益的汇报提纲》为中外合资项目的国家领导和决策提供了坚实的依据。

彭士禄对年轻一代核电人说过四句话:责任第一、安全第一、不断学习、勇于创新。他说,年轻人无论做任何事情都要"坐下来,钻进去,入了迷",知其然还要知其所以然……有了这些,任何艰难险阻都能克服。

1987 年 8 月 7 日大亚湾核电站开始浇灌第一罐混凝土,标志着核电站主体工程正式开工。广东核电合营有限公司和 HCCM 核电建设

图 6-4　垦荒牛雕塑

(图片说明:1983 年彭士禄开始参加核电站建设工作,这是彭士禄离开大亚湾核电站时,核电站老工人送给彭士禄的垦荒牛雕塑,寓意彭士禄像一只垦荒牛一样不怕苦、不怕累,扎扎实实投身于核电站的建设工作,同时彭士禄也是属牛的。所以该雕塑是彭士禄家里三个宝贝之一,也是他最喜欢的宝贝)

合营公司在大亚湾广东核电站工地举行了简单而隆重的奠基仪式。200多位嘉宾出席了主体工程开工典礼。包括核工业部部长蒋心雄、彭士禄、高登爵士和姬达爵士。

图6-5 彭士禄在大亚湾核电厂第一台机组投产典礼上的留影

(图片说明：1993年大亚湾核电厂第一台机组投产典礼现场，左为原广东省副省长、大亚湾核电厂副总指挥刘俊杰)

关注核安全和民生

1979年，美国宾夕法尼亚州三里岛的一座核反应堆因发生事故释放出大量放射性气体，幸得及时扑救，才避免了一场巨大灾难。曾有香港记者问彭士禄核电站是否安全，会不会造成放射性污染时，彭士禄说，地球本身就是一个放射源，人类就生活在天然的放射性环境中，在核电厂工作的人员一天接受的放射量只相当于一天吸一支烟。比起煤的污染，核能是最干净的能源。世界三百多座核电站机组在运行，只有美国三里岛核电站出了事故，那主要是操作失误造成的。那么大的事故，但对环境和周围居民影响甚微，这从反面证明核电是非常安全的。中国一向重视发展核工业和由此引起的安全问题。为此,成立了"国家核安全局",统筹管理、监督由于发展核工业可能产生的安全问题。我相信大亚湾是安全的,不会产生什么问题①。

1984 年 1 月香港三个关注核电站安全的团体,"关注核电厂联合组织"、"世界监管公共事业联合委员会"、"台湾关注民生团体联席委员会"曾派 8 名代表到深圳大亚湾实地视察核电厂址环境。他们与彭士禄及其他人员商讨有关核电厂的安全问题和将来电费价格的事项。彭士禄向代表指出,核电厂的设计和建造将会完全依据国际原子能机构(IAEA)的标准,而电厂的安全规格将依据法国第 30 座核电机组的模式来建造。因为若依据美国方面较严格的安全标准建造,核电厂成本将会提高,所以为了保证核电价格能减到最低成本,有部分规格是不需要的。彭士禄用"物极必反"来形容过分关注安全措施的后果。

1986 年,苏联切尔诺贝利事故对核电的影响很大。事故不久就有些国家放弃或修改了核电发展计划,瑞典还进行了公众表决,敦促政府关闭运行的核电站。从全世界范围讲,核安全是影响核电发展和被公众接受的主要问题,也是世界核电工业界关注的焦点。事件发生后,香港民众对核电站的安全问题非常关心。

大亚湾核电站建设时期,除了安全,那么电价是另外一个很重要的影响民生的方面。1983 年 12 月 11 日,时任广东省核电站筹建办公室主任的彭士禄在深圳会见香港经济司翟克诚一行,双方均表示,大亚湾核电站计划对广东省及香港经济发展有很大贡献。翟克诚并表示,短期内双方将可制定供应香港核电的售价。当时据有关方面估计,核电售价肯定不会高于燃煤发电成本价格。核电站第一台 90 万千瓦的核电机组可于 1989 年底投产。陪同翟克诚前往深圳访问的,包括中华电力有限公司副经理石威廉。有关输电香港的问题,彭士禄表示,广东省与香港方面已定出供电比例,核电站投产后,七成电力将供应香港。这七成电力是全年的平均数字。换句话说,

---

① 香港《经济导报》,1985 年 3 月 25 日(第 12 期)。

香港可在夏天日间用电较多时间要求供应较多电力；冬天晚间，则可减少供应①。

在大亚湾核电站以及秦山二期核电站建设过程中，彭士禄曾多次参加核电安全方面的会议以及安全利用核能的宣传知识普及活动。关系到民生的电价问题彭士禄更是亲自计算，在彭士禄的手稿和档案中都记录有其计算电价的过程，这都是搞技术经济专家应该做的事情。

筹建秦山二期

1986 年 3 月，国务院第九十七次常务会议决定核电站的建设任务由水电部转核工业部负责。时任水电部总工程师的彭士禄对核电建设比较熟悉，核工业部领导经与水电部领导协商，调彭士禄到核工业部工作，拟任核工业部科技委主任或总工程师职务（副部长级）②。4 月，彭士禄被调到核工业部任总工程师、科技委第二主任，负责秦山二期的筹建。

秦山核电站二期工程的开展正值我国固定资产投资体制改革的试点之时，因此被首先列入国家改革试点的重点项目③。改革要求在领导体制、管理办法等方面有较大的转变。首先，在领导体制上，实行董事会制，要成立项目董事会，董事由各投资单位和国家有关部门推荐产生，彭士禄被任命为董事会的董事长；其次在管理上，按照国家新的规定授权董事会行使业主职能，即"对核电站的资金筹措、工程建设、经营管理、安全保证、贷款偿还等全面负责。"改革刚刚开始，尚处于一个新旧体制交替、新旧观念和管理办法相互胶着、冲突频发的时期。彭士禄此刻出任董事长，一要克服困

---

① 《大公报》，1983 年 12 月 11 日（第四版）。
② "关于彭士禄同志的工作调动问题"，1986 年 3 月 17 日。档案原件存于中核集团人事处，复印件存于采集工程数据库。
③ "天书和事业"。自《人物春秋》，第 14－15 页。

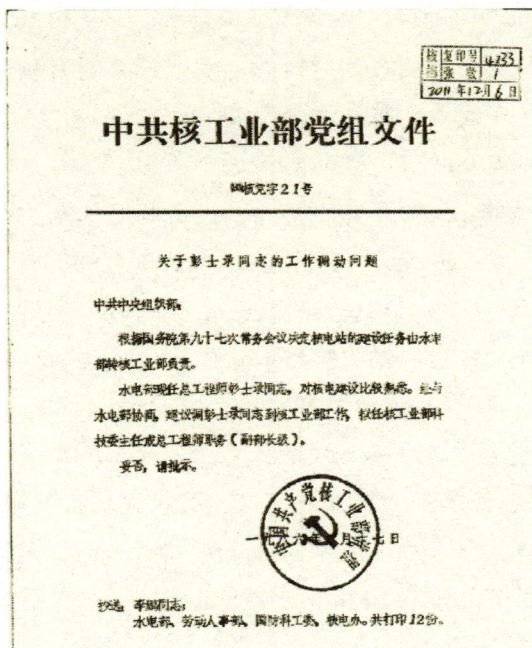

图6-6 彭士禄工作调动函

(图片说明:该档案是 1985 年彭士禄被调到中共核工业部
工作的文件,中核集团人事处提供档案复印件)

难和各种阻力,肩负改革重任;二要高质量地建成"以我为主,中外合作"的
核电站。

秦山二期筹建之初,当时是决定引进外国的核电站,与德国谈了一年多
没有谈成。之后,赶上了 1989 年春夏之交的政治风波,西方发达国家开始对
中国实行"制裁",谈判无法进行下去。当时彭士禄觉得光靠外国不是办法,
就写信给国务院提出要"以我为主,中外合作"建设核电站。而且只能搞 60
万千瓦,因为在当时国力还不能搞 100 万千瓦级。后经国务院同意确定了
"自力更生、以我为主"来设计建设 60 万千瓦的秦山二期核电站。彭士禄对
秦山二期核电站的成功建设做出了三大贡献:一是选点,确定在杨柳山建秦
山核电站;二是提出股份制,建立了董事会制度;三是进行初步设计,亲自计
算了核电站主参数、编制计划和投资。

彭士禄提出的"以我为主,中外合作"建设核电站的技术路线主要内容
是:积极开发 600 MW 压水堆核电机组,以达到统一规范,实现标准化、国产

化、批量化生产,成为今后一二十年中我国核电的主力堆型。结合我国设备制造能力的现状,又考虑到我国对核电站资金筹集的可能性及建造、运行、管理等水平,便于尽快立足国内,逐步做到自行设计、批量生产等因素,在一定时期内,我国重点发展 600 MW 机组是合适的。秦山 300 MW 机组通过原型堆建设正在积累经验,并初步形成了设备制造体系。希望经过商用化改进后,也可小批量续建,但一定要落实用户及资金的筹集。先进压水堆核电站,如 APWR,AP - 600,PIUS,高温气冷堆 HTR 等,是具有良好固有安全性的新一代核电站,我们应该参与国际合作,共同开发,以便跟踪和掌握国际先进技术,为我所用①。有关"以我为主,中外合作"建设核电站的技术路线的更多资料请参考彭士禄相关的论文。

经选址定点之后,项目开始上马。彭士禄首先坚持要建立董事会制度,参考大亚湾的运作模式。为了募集资金,他带着一班人,一个星期马不停蹄地跑了安徽省、浙江省、江苏省和上海市,请这三省一市一起来投资。

12 月 8 日,彭士禄向核工业部蒋心雄部长等领导提交《关于秦山二期工程筹资问题》的报告。彭士禄在报告中,详细列出了秦山二期的经济预算、电价、筹资问题和厂址选择。

后来,中国核工业总公司、华东电力公司,与三省一市共同出资,成立了核电秦山联营有限公司。中国核工业总公司党组任命彭士禄为秦山二期的董事长。他仔细地计算了 60 万千瓦核电站的主要参数以及技术、经济数据,所编制的"一级进度表"得到了美国专家的极大赞赏。彭士禄亲自计算出的秦山二期一级主参数有 100 多个,同时还列出了设计、设备订货制造、土建、安装、调试等一级进度计划表……有人说,他是董事长干了总工程师的活,100 多个主参数的计算,只用了一个星期,而且全部是利用晚上时间完成的。

彭士禄还首次把招投标制引入核电工程建设。他说,对于设计和制造,我坚决主张实行招投标制。这在当时遇到很大的阻力。一些同志仍按计划经济时期的做法主张设备要定点生产,并为此争论得很厉害。最后,还是彭

---

① 彭士禄:为促进我国核电事业的发展而努力。核动力工程,1989(1),第 1 - 3 页。

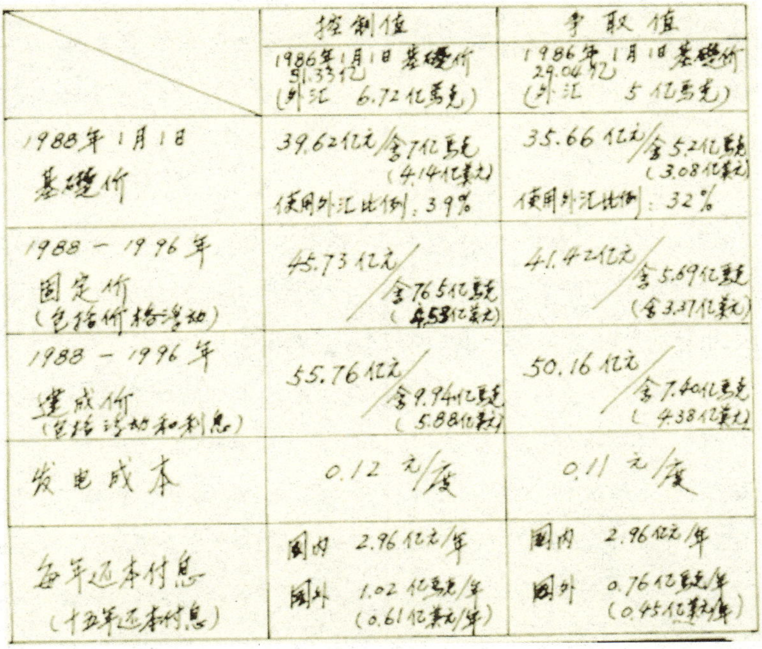

	控制值	争取值
	1986年1月1日基础价 51.33亿 (外汇 6.72亿马克)	1986年1月1日基础价 29.04亿 (外汇 5亿马克)
1988年1月1日 基础价	39.62亿元/含7亿马克 (4.14亿美元) 使用外汇比例：39%	35.66亿元/含5.2亿马克 (3.08亿美元) 使用外汇比例：32%
1988－1996年 固定价 (包括价格涨加)	45.73亿元/含7.65亿马克 (4.53亿美元)	41.42亿元/含5.69亿马克 (含3.37亿美元)
1988－1996年 建成价 (包括涨加和利息)	55.76亿元/含9.94亿马克 (5.88亿美元)	50.16亿元/含7.40亿马克 (4.38亿美元)
发电成本	0.12元/度	0.11元/度
每年还本付息 (十五年还本付息)	国内 2.96亿元/年 国外 1.02亿马克/年 (0.61亿美元/年)	国内 2.96亿元/年 国外 0.76亿马克/年 (0.45亿美元/年)

图 6－7 彭士禄关于秦山二期工程筹资的数据计算档案①

（图片说明：该图是 1987 年 12 月 8 日彭士禄撰写《关于秦山二期工程筹资问题》报告电价的计算表格）

士禄拍板，坚持设备、订货实行招投标制，设计由谁来做也全部实行招投标制。因为招投标制解决了靠拉关系争项目的不良现象，充分发挥了各个参建单位的特长。当时的核二院就是通过投标争得了总包院的地位。实践证明，这一做法是完全正确的。

对于投标制度的引进，核动力院老专家们跟我们提过这样一件事：

“1987 年组织过一次投标，当时也就是现在的秦山二期核电，两座 60 万的核电投标。当时国内的投标还不多，计委主任黄毅诚提出来要公开投标，而不是假投标。老彭是投标委主任，投标委下来的评分结果

① A931 号，关于秦山二期工程筹资问题，1987 年 12 月 8 日。档案原件存于中核集团人事处档案，复制件存于采集工程数据库。

他还要权衡,他手上掌握 5 分,他可以加在这,也可以加在那。这个投标当中,领导说要真投标,不要假投标,是有话的,是有对象的,这个问题是客观存在的。你想吧,当时 87 年是什么思想,我们现在什么思想,当时好多想法现在觉得简直是荒谬,就是我们的思想意识变化非常快,从改革开放以来就这个几十年变化非常大,当时 87 年的时候好多思想都不对,彭部长是投标委的头,主任委员,他坚持要投标,坚持要公平的竞争,我们的顶头上司那是完全不一样的。核工业部的领导是不一样的,当时核工业部的领导是希望这个标让上海某单位来管,假投一下,实际上由上海(我们叫 728),他们来承担这个任务。最后投标的结果我们的比分远远超过他,就是说彭部长这 5 分即使加给他也没我们高,我们投的是所谓的三标段,就是核心部分,反应堆及主冷却系统,最后领导做工作,做院里的工作,你们撤标,撤标这不就可以定了嘛。第一名撤下来就第二名嘛。我们院里没同意,而且得到彭部长的支持,彭部长认为投标就应该公平的竞争。"①

在秦山二期工程设计阶段,彭士禄带领考察团多方考察德国、法国和日本的公司。

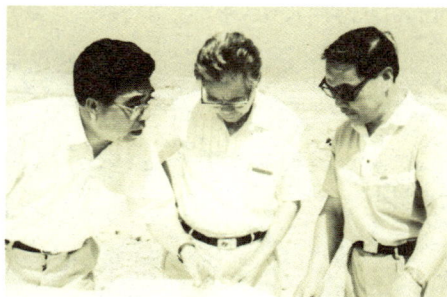

图 6-8　彭士禄在秦山二期工地现场考察照片

(图片说明:该组照片是 1989 年彭士禄在秦山二期核电站建设现场跟工人、领导和技术专家的合影。右图中间为彭士禄)

---

① 核动力院访谈。2012 年 9 月,成都核动力院。资料存于采集工程数据库。

1990 年 7 月 10 日至 19 日彭士禄作为代表团团长对日本核电进行考察访问并撰写《中国核工业总公司核电代表团赴日考察报告》[1]，访问期间拜会了伊藤忠商社、亚洲交流协会，参观了三菱原子力工业公司、北海道泊原子力发电所、三菱重工高砂制作所、高砂研究所、神户造船所等核电设计、研究、制造、运行单位，并与三菱重工就秦山二期工程的合作进行了会谈。

　　日本的核能工业从美国西屋公司引进技术，当时已经形成了完整的核电工业体系，具有自主设计、自主建造的能力，并体现自己的特色，但在核蒸汽供应系统的技术转让方面还受西屋公司的限制。日本的核电站具有较高的设备利用率，较短的建设周期(筹建周期仅用 4 年时间)。三菱重工具备比较先进的核电设备和设备制造装备，掌握当前最先进的核电建设技术。核电站吸取了国际核电发展的新经验，在系统设计、设备制造上作了有效的改进，运用了先进的控制技术，提供良好的人机接口和操作运行环境。厂区布置采取一体化设计，是当时世界上唯一具有 80 年代末期水平、60万千瓦级的两回路核电站，是秦山二期 60 万千瓦核电站设计比较理想的参考对象。

　　彭士禄建议选择日本三菱重工为秦山二期国外合作伙伴或选择三菱重工提供技术服务或单项设备，以便与德国和法国的公司形成竞争，更有利于秦山二期工程的设计和建造，有利于促进国际竞争，真正做到货比三家。

　　1992 年，彭士禄开始秦山二期上网电价的计算与分析，并于 1992 年 5 月完成《秦山二期工程 2×600 MW 压水堆核电厂的上网电价计算与分析》报告，报告共计 28 页，全部手写完成。根据该报告而形成的《2×600 MW 压水堆核电厂的上网电价计算与分析》一文发表在《核动力工程》1993 年第 2 期上，彭士禄提出了压水堆核电厂上网电价方程，对 2×600 MW 核电机组的固定投资、年利息率和资金回收期假定了几种不同数值，在此基础上进行上网电价计算。经过分析得出上网电价为 20～25 分人民币/KW·h 情况下的固定投资、年利息率和资金回收期的控制值。

---

[1]　"中国核工业总公司核电代表团赴日考察报告"。档案原件存于中核集团人事处，复制件存于采集工程数据库。

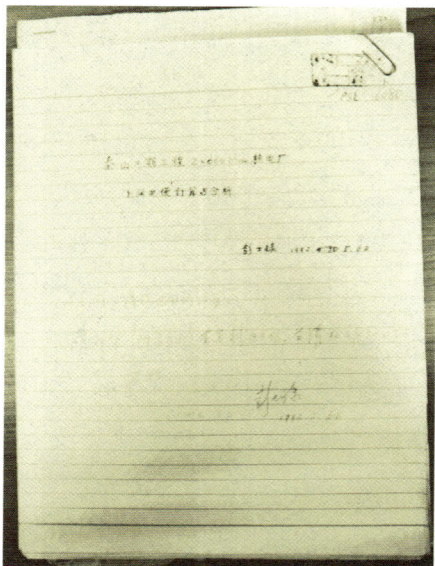

图 6-9　彭士禄上网电价计算手稿原件

(图片说明:《2×600 MW 压水堆核电厂的上网电价计算与分析》的原始手稿,加上附页共计 28 页,吕娜摄并提供)

秦山核电二期工程 1 号机组自 1996 年第一罐混凝土浇注以来,经过 6 年建设,提前或按计划实现了重大节点目标:2001 年 12 月 28 日反应堆首次临界;2002 年 2 月 6 日并网发电;2002 年 3 月 31 日达到满功率;2002 年 4 月 15 日投入商业运行。这是继秦山核电站实现祖国大陆核电零的突破后,我国核电发展新的里程碑,实现了我国自主建设商用核电站的重大跨越。1 号机组经过 1 年多的运行,取得了良好的业绩。实践证明:我国首台 600 MW 核电机组的设计是成功的,具有较高的安全技术性能和经济性能,工程质量就当时来说是好的。

　　秦山二期工程建设者们的可贵之处,正是在于在实践中为我国自主发展核电积累了难得的成功经验。他们充分发挥核工业的科技优势,发扬核工业创业精神,坚持"以我为主,中外合作"的方针,坚持自主设计、自主建造、自主管理的建设模式。以我为主、自主设计,就是要自主选定设计目标,确定技术方案,选择技术参数,确定关键设备的功能和指标,把技术决策权真正掌握在我们自己手里。在设计中,以中方的工程技术人员为主体完成可行性研究、总体设计、初步设计和施工设计,处理设备制造、工程施工中的技术与接口问题。在自己承担技术责任的前提下,尽量利用对外合作的条件,采用国外先进的、成熟的技术,以更好地实现选定的目标。坚持自主管理,确保三大控制。秦山二期工程建设,面对诸多困难,最终能够严格按照质量、进度、投资三大控制指标建成投产,其重要原因是坚持自主管理,采取了一系列行之有效的措施和办法,按照现代企业制度的要求,秦山二期较早地建立了有限责任公司,设立了董事会和总经理部;强化自主管理,采取精干业主加工程监理和设计、施工总包的管理模式。全面实施业主负责制,将整个核电站的建设管理和组织置于业主的直接管理之下,增加了管理上的责任和难度,节省了经费与投资,确保了三大控制。①

核动力领域的经济学家

彭士禄不仅钻研工程技术,还善于用工程数理的方法,把十分复杂的经济学问题,简化为一个极简单明了的公式,或一条更直观的曲线。彭士禄建立了一套独特的经济学数学模型,来解答核电站建造中的许多问题。一次,在广东讨论大亚湾核电站的一项工程问题,彭士禄用他的数学模型,只花几个小时,就完成了用常规方法需几天才能完成的方案比较和全部数据的计算,使在场的外国专家甚为惊讶。

彭士禄攻读了国际原子能机构出版的《核电站投标经济评价》等文献。他验算了书中列表的数据,很快也就入了经济学的门,并提出了核电站工程的三大控制,即投资、进度、质量控制,为投资和进度控制问题建立了数学模型。

彭士禄指出,核电站是知识密集、技术密集和资金密集的企业,是大型工程项目,它的建设必须在国家统一规划和集中领导下,加强各部门之间的合作,发挥中央和地方两个积极性才能办好。当前摆在我们面前的主要任务是集中各方面的人才,积极支持秦山核电站和广东核电站的建设。我们应该把这两座核电站建设成为成本低、速度快、质量好、经济效益高的核电站。否则,核电就会没有竞争性,没有生命力,核电站的发展就会受到阻碍。核电站要达到高的经济效益,在建设期间就必须严格进行三大要素的控制:成本控制,时间控制和质量控制。

---

① 坚持"以我为主 中外合作"方针的重大实践—我国建成首台60万千瓦核电机组的启示。国防科技工业,2002(8)。

在成本控制方面,彭士禄根据目前世界上各方面的信息资料进行分析,指出建造 2×1 000 兆瓦的核电站,其基本造价约为 15 亿美元。如果对设备商和建造商还价不当或建设期间各种费用失控,使基本造价增至 16.5 亿或 18 亿美元,则建成后将分别多损失 3 亿或 6 亿美元。计算表明,基本成本每增加 1 亿美元,总成本则增加 2 亿美元,而还款总额则增加 5 亿美元。由此可见成本控制的重要性。

时间控制方面,根据国际上一般经验,两台 100 万千瓦级机组的建造周期约为 6.5 年。如果由于施工组织不周、管理不善、设备材料供应不及时或质量不良等原因所引起的延误工期,也会给核电站造成莫大的经济损失。计算也表明,工期延误一年,总造价将增加 2 至 3 亿美元,亦即每天将增加 60 至 80 万美元,每秒钟增加 7 至 9 美元,还款总额将增加 7 至 9 亿美元。上述数据说明,时间控制较之成本控制更为敏感和重要。

关于质量控制方面,彭士禄认为应从工程开始自始至终地进行严格控制。如果由于设计错误、技术不佳,质量控制不严,即使建成投产后也要被迫停堆进行检查、维修。一个核电站建成后不能正常运行,所造成的经济损失是巨大的。如果停运,核电厂每天将少收入 250 万美元,亦即每秒钟损失 30 美元,而且每天将影响其他产业部门的产值 3 600 万美元。由此可见,质量控制是三大要素中最关键的要素,影响核电站的经济效益亦最敏感。因此,坚决防止质量失控,对建设一个质量优良、安全可靠的核电站极为重要。此外,操纵运行和维修人员的素质对核电站的安全运行也起着极其重要的作用。当电站开始建设时,就应当对这些人员进行严格的理论培训和实践训练,并应使他们参与在建核电站的安装、调试和启动试验的全过程,使他们对本电站的设计、参数、系统、特性和运行规律有全面的了解和熟练操作,在保证质量的前提下,再充分发挥人的积极因素。核电站的安全运行才有充分的保证[①]。有关成本、时间、质量进度控制方面的更多内容请参考彭士禄《核能在我国能源中的地位》一文。

根据时间-进度-质量三方面控制理论,彭士禄要求秦山二期必须严格控

[①] 彭士禄:核能在我国能源中的地位。核动力工程,1985(3),第 1-3 页。

制工程质量与工程总进度。因为根据该控制理论如工期推迟 1 年，直接损失将达 4.3 亿元，即每天损失约 150 万元[①]。

图 6 - 10 为彭士禄经济计算的手稿：

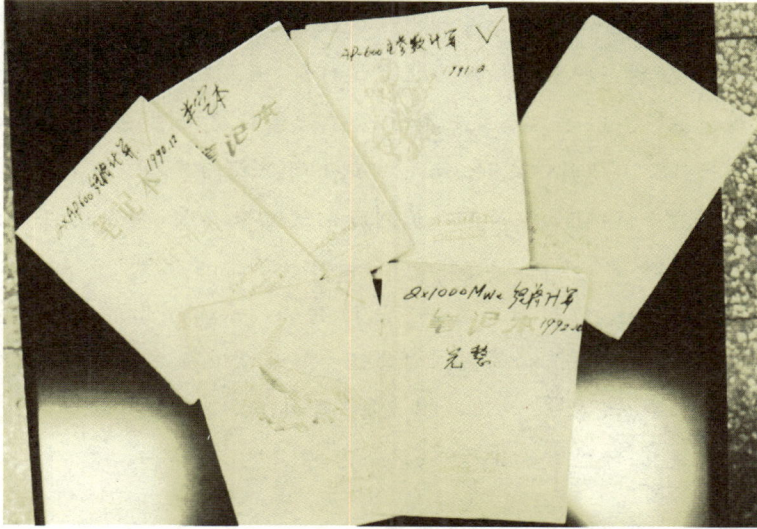

图 6 - 10　彭士禄书写的核电站经济计算笔记

(图片说明：彭士禄家里现存的用于主参数和经济计算的笔记有 30 多本，这只占一小部分，更多的手稿由于涉密原因已交给单位)

外国投资者来谈判，彭士禄再不是谈原则或像集贸市场那样讨价还价。他在争论时能上台写出公式，画出曲线，用数据论证什么样的价格和付款方式是公平的、互惠的。外国投资者十分惊讶。

他用工程数理来简化经济学的公式。一个极复杂繁琐的问题，到他那就变得简单了。例如，他根据支付在工程期中段最为公平的前提，把经济学上计算建成投资的公式大大简化了，两个公式计算结果相差很小，但工作量相差很大。

采集小组访谈中，黄士鉴也曾描述过彭士禄在经济计算方面给予他们帮助的一段经历：

---

① 彭士禄：2×600 MW 压水堆核电厂的上网电价计算与分析。核动力工程，1993(2)，第 104 页。

　　"1989 年我们院里没有什么任务，院长领着到处找任务，当时就想在西藏建个核电站，西藏的上层领导都持非常积极的态度，包括班禅。我记得有一次西藏驻成都办事处专门要去给班禅汇报，上边非常支持，我的感觉：西藏的藏族干部给我的印象非常好，说话非常干脆。他们就讲一句话：核安全这个口号就已经提出来了，我们不怕，我们去一院（当年叫一院，现在叫中国核动力研究设计院，当年叫中国核工业部第一研究设计院）去过，这么高级的知识分子就住在反应堆边上，他们都不怕我们怕什么。他就这么说，就是核安全问题我们不怕。说我们要搞，很好。在这个情况下，我请彭部长到我们院里来一次，因为我们准备申报这个项目时有个东西我们不会算，当时我已经在院里了，我就不会算，所以就联系他，请彭部长来一下。他刚从广东回到北京，我去请他，他来了，就给我们讲怎么算钱。因为这个钱我实在是不会算，他就给我们讲怎么算钱，成本核算，怎么算成本，那就是单项设备，运费怎么算，材料费怎么算，就给我们讲这个，很有意思。"

天书与事业

　　彭士禄对事业的热爱，养成了他对事业的高度负责和极其认真的态度。不论去哪里，他常提着一个沉甸甸的旧式公文包。包里总装着他随时可拿出来"说话"的数据。彭士禄肯学习、善钻研，不倦地阅读中外书刊，并深入实际收集、整理了大量资料，这些资料都工整地存储在他的"笔记本"中。彭士禄的家里用于记录学习和工作的笔记本大大小小有几百本。

　　在几次讨论秦山核电站二期工程两台 60 万千瓦核电机组的建造方案时，同事们常见彭士禄从公文包里抽出一本枣红色的 16 开大小的硬皮厚本。里面以清秀、整洁的字迹和图表，分门别类地记录着世界各国、各型核电站的建设地址、年份、规模、投资和运行情况的主要数据，记录着中国大亚湾核电站、秦山核电站的有关资料，以及他对中国核电发展的构想。当讨论到有关问题时，他往往能从那个硬皮本里查到需要的数据、实例，来说明他的观点。他对一个问题的分析，总是有理有据，令人信服。

有人把彭士禄手里的笔记本，比作是一部"天书"。记录着大量精练、浓

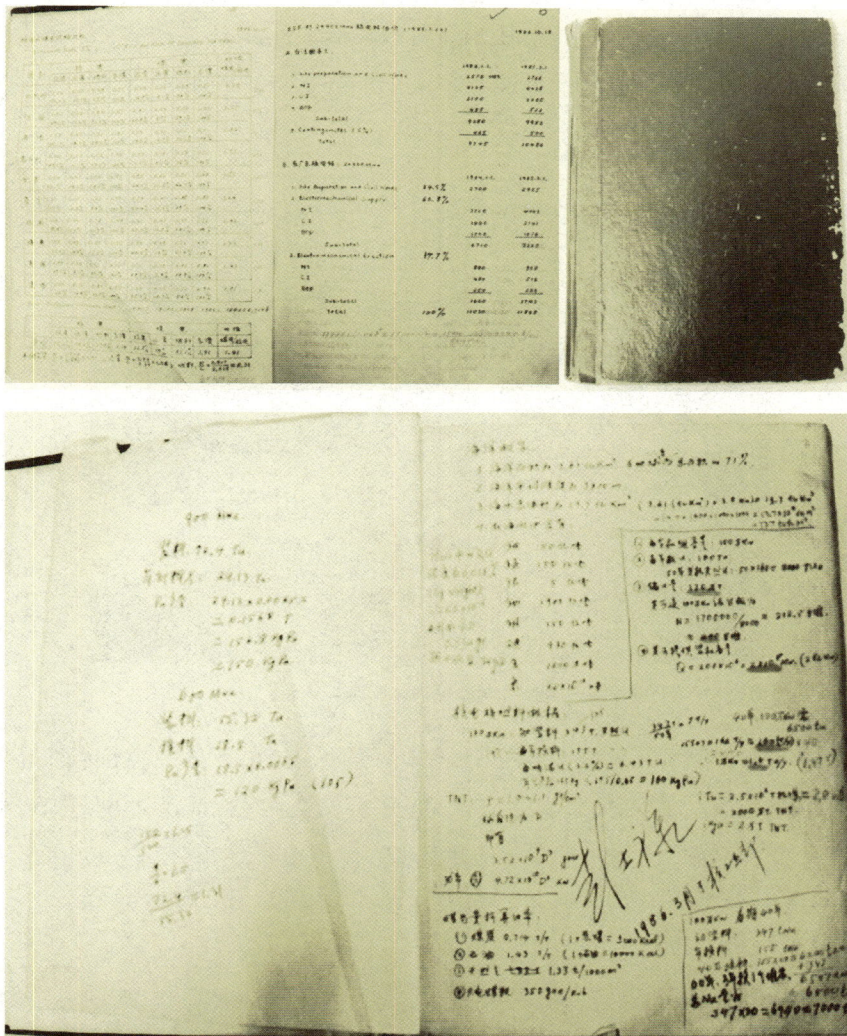

图 6-11　彭士禄记录有各国核电站建设数据的笔记本

(图片说明：1986 年 3 月，国务院第九十七次常务会议决定核电站的建设任务由水电部转核工业部负责。3 月 17 日，彭士禄被正式任命为核工业部科技委第二主任，副部长级。负责秦山二期的筹建。该组照片展示了彭士禄在领导秦山二期工程项目时所做的相关经济和技术参数计算笔记。该笔记正是由此时开始记录，笔记首页签有彭士禄的名字和日期："彭士禄，1986 年 3 月于核工业部")

缩的数据、公式和图表。彭士禄时刻注意搜集各种资料、书刊和报纸上的有关数据。坚持在日常的工作中积累数据。他读书、看报的时候，不仅注意大标题和成文的报道，还注重对核电站建设有关的各种材料价格数据，记录到笔记本里；彭士禄也关心人民币和各种外币的兑换率，关注外汇市场行情，只要他认为有用的资料、数据，从不放过，一律搜集，然后分析处理。彭士禄特别注意经常不断地修改和补充笔记本上的数据，使之与时间同步，确保数据完善和准确。

图 6 - 12　1980 年代中期彭士禄在家搞计算的工作照

彭士禄计算了 100 多个大亚湾核电站的主参数，当外商提出数据时他做到心中有数。他又进行了经济计算，分析投资效益，提出进度、质量、投资三大控制措施，通过一项又一项的计算，他得出了结论，工程进度推迟一天，将每天损失掉 100 万美元。他提出核电站要克服一切困难，时间就是效益。

香港中电公司港核投的董事长石威廉先生，在一次与我国领导人会见时说，我们谈判最难的对手是彭士禄，他技术、经济都懂，太强了。

彭士禄在核电站建设时期的主要任职和工作成果如下：

（1）1983 年初—1985 年底，任水电部副部长、总工程师、广东省委常委，筹建大亚湾核电站总负责人。

图 6 - 13　1981 年彭士禄在六机部办公室的工作照

（2）1986 年任核工业部副部长、科技委第二主任,负责秦山二期核电站的筹建。

（3）1988 年获国防科工委颁发的"为国防科技事业做出了突出贡献"的优秀总设计师(43 名中,彭士禄位列第一名)荣誉奖。

第七章
进入新时代 推动核科技进步

纪念《核动力工程》创刊十周年发文

《核动力工程》1980 年 2 月创刊,中国核学会核能动力学会编辑,彭士禄任主编。是中国核能动力学会的学报,由中国核动力研究设计院主办,原子能出版社出版。《核动力工程》期刊 3 月份正式发行第一期,开篇文章特邀姜圣阶发表题为《未来世界是核能的世界》一文,从此在彭士禄的带领下,《核动力工程》一直与各高校、研究院所以及相关企业一起,结合中国核学会以及核动力学会工作,发表了大量有价值的论文。该刊目前还是核动力研究领域非常重要的期刊。

1990 年,《核动力工程》创刊十周年之际,彭士禄发表了自己的一段寄语:

《核动力工程》于 1980 年初创刊发行至今已整整十年了。十年来,一直得到广大读者、作者和审稿者的支持与帮助。在此表示诚挚的谢意。在同行们的支持下,在编辑部全体工作人员的努力下。本刊发表了大量有价值的核动力方面的文章和论文,并介绍了许多国外的先进技术和资料,受到了核科技专家、学者、工程技术人员和广大读者的欢迎。核电建设是一项复杂艰巨的系统工程。需要资金和人才的结合,但更应看重人才。多出人才,出好人才,连接好一个个年龄梯队的人才链条,是我们核电建设的可靠保证。因此,我们更应齐心协力,发扬实事求是、尊重知识、尊重人才的精神,办好《核动力工程》。为了进一步提高刊物质量,积累科研资料,促进学术交流,推动我国核能事业的发展,欢迎大家提出意见和建议。希望大家踊跃投稿,继续支持我们的工作。①

彭士禄
1990 年 1 月 1 日

学会工作

1979 年彭士禄开始参与中国核学会的筹建工作,当时核学会的任务是团结核能技术各方面力量,协调核能领域的分歧②。

1980 年 2 月,为配合改革开放和对外交流的需要,促进中国核科学技术的发展,中国核学会应运而生。30 年来,在钱三强、王淦昌、姜圣阶、朱光亚、张文裕等老一辈科学家的倡导和培育下,中国核学会秉承创立使命,锐意求索发展,全力服务于中国核科技事业,为学会工作打下了坚实的基础。

中国核学会发展之初,正是中央制定发展核电的政策和目标的时期,核学会在做好核电知识宣传普及工作的同时,着重抓了核电厂安全及厂址选择等学术主题。如与中国电机工程学会、中国地质学会、中国地震学会联合召开了"核电站厂址选择标准讨论会"。还与中国电机工程学会、中华医学会、中国环境科学学会联合召开了"核电站辐射防护标准讨论会"。汇集各方面的力量和智慧,初步制定出适合我国国情的核电标准和规程。

---

① 纪念《核动力工程》创刊十周年,发表于《核动力工程》1990 年第 1 期。
② 崔广余访谈。2012 年 7 月,北京核电大厦。资料存于采集工程数据库。

核动力道路上的垦荒牛　彭士禄传

中国科学院原子能所提

中国核能学会筹备委员会第一次全体会议合影 一九七九年十一月于北京

图7-1　中国核能学会筹备委员会第一次全体会议合影

（图片说明：该照片拍摄于 1979 年 11 月中国科学院原子能所，前排左五为彭士禄，照片由窦治洁提供）

彭士禄曾任中国核学会第一、二届理事会常务理事、理事,1990 年当选第三届理事会副理事长,1995 年 3 月当选第四届理事会名誉理事长,2000 年 4 月当选第五届理事会荣誉理事长。

中国核学会第一次全国会员代表大会于 1980 年 2 月 22 日—28 日在北京举行,大会向国务院提出两项"专家建议":①关于发展核能(即在我国建设核电站)的建议;②关于推广同位素核技术的建议。

在 1984 年 4 月 11 日召开第二次全国会员代表大会时,针对第一次全国代表大会提出的两项专家意见,时隔 4 年,同位素核技术应用蓬勃兴起,核电站的建设如雨后春笋,秦山核电站已破土动工,广东核电站正在筹备,许多省市也在考虑建设核电站和辐射中心。

积极开展国际学术交流活动,加强与国外的科学技术团体和科技工作者的友好交往是中国核学会的重要任务之一。核学会成立之初,首先与美国核学会进行了多次大型的学术交流,内容集中于核电站设计、堆型和厂址选择、技术转让等。随着国际学术交流形势的需要,学会大力开拓交流渠道,积极参与国际间的学术交流活动,先后与美国、法国、加拿大、德国、西班牙、比利时、瑞士、芬兰、澳大利亚、俄罗斯、日本等国家的核学会和欧洲核学会签订了合作协议,还参加了太平洋核理事会等 4 个国际核科技组织。

1987 年 9 月,中国核学会在各方面的支持下,召开了第六届太平洋地区核能大会,来自 22 个国家和地区的 450 名代表参加。李鹏就中国发展核电的政策做了重要讲话,国际原子能机构总干事以及美、加、日、法、韩等国家核能界负责人和中国核工业部领导人、专家深入交换了意见。这次会议正值我国核电起步之时,也是在苏联切尔诺贝利事故之后,不仅在技术上使我国专家从各个专业详细了解了国外技术,而且各国代表对发展核能的看法对我国发展核电也是一个很大的促进,坚定了我国决策的信心。国际原子能机构总干事布里克斯博士说,秦山核电站和大亚湾核电站采用的堆型是安全的,并对我国高度重视这两个核电站的安全非常认同。海外多家报刊转载了这个消息,对我国核电的发展起了积极作用。

彭士禄作为第六届 PBNC 的执行委员会副主席(Co-Chairman)出席会议并作了"Present status and prospects of nuclear power development in

图 7 - 2　彭士禄参加 PBNC 会议

(图片说明:1987 年 9 月,彭士禄参加亚洲太平洋核能会议,论文被论文集收录)

china"(中国核能发展的现状与展望)报告。报告被第六届 PBNC 论文集收录,是整个论文集第一篇文章。文章阐述核能在中国的重要作用、中国核能发展策略、我国核电开发现状,以及高端反应堆的研发现状等几个方面。

　　中国核学会下设 21 个专业分会,彭士禄担任核动力学会理事长。

　　1992 年 12 月 18 日,中国核动力学会召开了扩大常务理事会。彭士禄时任核动力学会的理事长,就当前的核电形势作了较详细的发言,并着重介绍了发展 AP - 600 型核电站的前景。

　　彭士禄积极参加核学会和核动力学会的各项活动。在担任核动力学会理事长期间,1991 年 10 月,秦山核电站物理调试临界试验成功,核动力分会邀请核电厂、设计院、建筑安装、设备制造和有关管理部门等 44 个单位的 110 名代表,总结我国在核动力研究设计、设备制造、建筑安装、调试运行、生产准备、核安全研究等方面的经验,同时也客观地指出了存在的不足之处。

　　20 世纪 90 年代,中国的核电事业还是一个幼稚产业,缺乏相对稳定并坚决加以实施的长远规划,在技术方针、自主化发展道路等方面,企业之间众说纷纭,在学术方面的意见也不完全一致。所以,当时我们只有秦山核电站和大亚湾核电站两个,所占的核电发电比例是很小的。而且在这方面的

图 7-3 1992 年 12 月 18 日中国核能动力学会召开的扩大常务理事会全体人员合影

技术力量,各行业的配套方面都比较薄弱。所以,对政府来说,当时面临的一个给核电发展这个产业一个什么样的政策,给它一个什么样的定位,包括它的管理体制。政府管理体制需要新的定位和改革,产业组织需要调整,中国核电发展缺乏一个明确的目标。

此时,彭士禄决定,学会出面,组织一次核能发展战略研讨会,发挥学会在政府与企业之间的桥梁和纽带作用,创造一个和谐、平等认真的研讨气氛,避开门户之见,从不同角度,充分交流中国核电发展面临的形势及技术发展的大政方针。

为了保证研讨会的权威性和各个方面意见的代表性,学会邀请国务院发展研究中心技术经济研究部、中国工程院能源与矿业工程学部、中国工程院机械与运载工程学部协办会议,彭士禄要求学会到这些部门拜访商谈,需要的话,他可以带队登门,这些部门看到彭士禄的诚恳、认真的态度,都给予会议大力支持,认真准备参会文章,派部门领导到会发表讲话,这次会议由于规格高,在核工业界引起强烈反响。以下是崔广余对此次会议主要内容的总结和看法:

　　此次会议对当前形势的分析是比较透彻的，很多企业也感到通过这次会议，从国家层面应该怎么考虑核电发展问题，这里面一些主要的观点，核电站的发展是保持和提高国家核能力的需要，这个核能力不光是核发电，包括军队的核能力，所以此次会议从国家的安全角度，从转军于民这个角度出发。从我们国家的历史发展过程，这样我们通过发展核电，维持我们这支队伍，结合我们这方面的优势，这样对于国家的安全，对于我们是非常必要的。从能源的安全角度，我们的能源不能单一的靠一种能源，要多元化，要从长远考虑要怎么保证国家安全，从国家能源安全的角度提出怎么发展核电。核电应该在能源中有一席之地，然后又从环保，怎么缓解环境保护这方面进行了讨论。在这个会上，大家组织发言，包括从核电站建设的经济性，怎么样分析经济性，在发展核电的过程当中，国家的政策应该给予什么样的支持，在什么情况下才能进行核电的发展。一般的从国家给予的支持，到走上商业道路这方面去。所以对这些进行比较深刻的分析，在这个会上大家从不同的角度进行分析，这样就把思路统一起来了，理出一个清晰的思路来，这样对于当时大家的不同观点，在各种杂志说的不同话，有利于把这些思想统一了，在这个会上，彭部长起了很大的作用，因为这里他的很多观点，应该说也是和国务院的智囊团部门领导的观点对行业里面的方方面面都有很大的启发。

　　在改革开放初期，核电已经引进了法国技术，但是在核领域，与国外核技术公司开展合作与交流，也还是一个比较敏感的问题。在彭士禄的支持下，学会进行了探索和实践。中国在举行大型学术活动时，邀请法国、日本、韩国等外国公司参加，在非保密领域，安排他们发言并参与讨论，允许他们在会场周边设展板，宣传企业能力。受中国核电市场的吸引，外国企业都对参加学会活动十分积极，国内同行企业也通过与他们的交流，看到自身在能力上的不足。

　　2009 年 11 月，中国核学会在北京召开主题为"创新——核科学技术发展的不竭源泉"。包括 44 位院士在内的近 1 400 名科技工作者参会，征集到

1 706 篇论文,是我国核科技领域召开的较大盛会,也是 21 世纪最大盛会。彭士禄院士连续三天坚持与参会代表进行交流。

在学会周围,团结并聚集了核动力产业从上游到下游的近百个企业,大家规避了行业之间、部门之间、企业之间的利益关系、竞争关系、平等相待,认真开展学术交流。

彭士禄在学术上有权威性,而且学术作风民主,有他参加的研讨会,总是气氛和谐,充满欢声笑语。每个参加会议的企业、部门领导和技术骨干,都能在会议中获得最新的技术发展信息,捕捉到新思想、新概念的火花,受到激励和启发。

彭士禄经常强调,学会是群众组织,人人平等,工作人员要给大家服好务。学会没有专门的活动经费,每年有关会费,也是一个单位 1 000 元到 2 000 元,开会时募集到的企业赞助,都会公布账目,接受大家的审查和监督,秘书处与各专业委员会、各企业、各单位始终保持着密切和谐的关系,都是受到了彭士禄言传身教的结果。

当年,在条件有限的情况下,没有什么物质基础,靠真诚、靠事业心,在全国范围内,跨行业凝聚起一支充满热情、敢挑重担,为国奉献的队伍,实属不易。

中国工程院首批院士

彭士禄在科学研究方面的成果和贡献颇多。先后荣获"全国科学大会奖"、"何梁何利科学技术奖"、国家科技进步特等奖、国防科工委颁发的"为国防科技事业作出了突出贡献"的优秀总设计师(43 名中,彭士禄排名第一)荣誉奖等奖项和荣誉。这些荣誉称号是对彭士禄所做出的重大贡献的肯定,反映了彭士禄一生投身核动力事业、敢于拼搏、勇攀高峰的精神。1994年,彭士禄当选中国工程院首批院士,为终身荣誉。

中国核工业总公司包括彭士禄在内的马福邦、赵仁恺和钱皋韵共计四

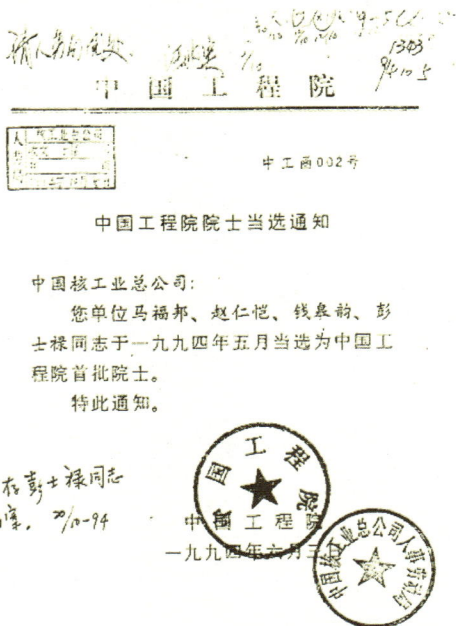

图 7-4　彭士禄当选中国工程院院士通知

人当选院士,其中赵仁恺也担任过核潜艇总设计师。

对于自己所取得的荣誉和称号,彭士禄始终表示:"我只是做了我应该做的,有幸参加了核潜艇的研制工作,获得了成功,但功劳不是我个人的,核潜艇研制成功也不是少数几个人可以完成的,需要大家集体力量共同完成,那个时代由于特殊的原因,把我推到了'总师'的位置"①。

当时由于保密原因,并没有人知道彭士禄从事核潜艇的研制工作,所以彭士禄也习惯了不对外人讲,直到 1984 年,彭士禄被英国名人录《Who's Who》收录,他的工作内容才被国内外所知。这才有了各个媒体所报道的有关里科佛和彭士禄两位核潜艇之父之间的故事。里科弗是国际公认的"核潜艇之父",世界上第一艘核潜艇正是从他的手上诞生的。1985 年,里科弗来中国访问时,参观了中国的核潜艇,会见了中国核潜艇研制过程中的一些

---

① 《中国工程院院士自述》,1996 年。

人物,包括有名的专家,但临上飞机前,他感慨地说:"就像两颗彗星不相遇,你们的真神没出来⋯⋯"里科弗想要见的"真神",就是彭士禄。

我国能源发展的展望

我国核能发展经历了两次创业:

第一次创业——自力更生为主,争取外援为辅;

第二次创业——以我为主,中外合作;

新世纪,新阶段——自主创新,加快发展。

"加强自主创新,促进民族振兴"已成为新时期国家科技工作和经济建设的重要指导方针。

我国核能和平利用,彭士禄在20世纪80年代初负责大亚湾核电站筹建工作时就提出核能发电的经济和技术观点。

彭士禄认为实现中国发电能力翻两番的战略目标,最佳途径应在加快水电、火电建设的同时,在沿海地区加快建设核电站。中国能源资源分布不平衡,水力资源百分之七十集中在西南,煤炭资源一半以上在华北,而中国的沿海城市及东北地区,能源资源只有百分之十。这些地区依靠常规能源,远距离运煤和超高压输电,在技术上和经济上不可取。而建核电站虽然投资大,周期长,但燃料充足,运输方便,发电成本在国际上比煤电低。基于这种考虑,中国计划在20世纪末建成10至12套机组1 000万千瓦的核电站。

如何加快核电站的建设,彭士禄提出两点看法。其一,要充分利用外资和各地集资。华东、华南各省、市还可采取发行股票或买核电公债的办法筹集资金;其二,引进国外先进技术和设备以争取速度和时间,但我们一定要发扬自力更生的精神,通过合作生产把技术引进来。到90年代,中国就可自己生产90万千瓦发电机组了。

1995年2月,彭士禄主编的《核能工业经济分析与评价基础》一书由原子能出版社出版。1990年代初刚开始撰写这本书的时候,我国核能工程建设是一项新兴的事业,当时国内既无可借鉴的历史资料,又无统一的规范和技术经济参数,加上核能工程项目投资大、周期长、技术复杂等特点,工作难度较大。为了能够顺利地开展工作,少走或不走弯路,必须从一开始便把核能工程的基本建设纳入规范化、程序化的道路,推动核能工业的发展。当时彭士禄任核工业总公司科学技术委员会主任、秦山核电联营公司董事长,他和核工业第二研究设计院技术经济专业高级工程师李坤眉、刘擎宇,国家计委投资局高级经济师罗映辉等主创人员参考了国外有关核能经济学资料,结合我国 80 年代和 90 年代初的实践,总结出一套行之有效的方法和一些经济参数,从理论与实践的结合上进行总结和提高,完成该书。

1998 年,彭士禄和原子能出版社副总编辑李盈安合著《寻找永恒的动力——著名科学家谈能源科学》。这是一本面向大众的科普读物。彭士禄用简明易懂的文字描述了核能的发电原理以及核能在更多领域的应用,告诉大众只要小心、安全地使用,核能将带给人类更多的福祉。1996 年 9 月 13 日彭士禄给《小星火报》①,第 37 期(总第 463 期)题词:努力学习早成才,开拓进取创未来。彭士禄时刻都在为推动核能的发展和进步做着自己的努力。

---

① 原名《少年科普报》,"小星火报"这四个字是宋健题词的。

第八章
多角色的人生

庆祝 80 寿辰

　　2005 年 1 月 15 日,在庆祝我国核工业创建 50 周年大会上,中国核工业集团公司和中国核工业建设集团公司首次提出了"事业高于一切,责任重于一切,严细融入一切,进取成就一切"的核工业精神。

　　搞核事业最重要的是"责任"两个字,"责任"、"志气"重于泰山,就是对国家、对人民的责任感。责任感来源于对祖国和人民的深深的爱,爱得越深,责任心越强。彭士禄童年时期,幸得多位"妈妈"和党组织的保护,才得以保全生命,这让彭士禄比常人更懂得对老百姓和党的责任之重大。彭士禄对工作的态度、负责任地拍板、所取得的成就正是对这份爱与责任的回报。

　　严格细致是核工业多年来形成的优良传统,是融入一切活动、每个环节的良好作风。严细就是管理要严、工作要细,真正做到"严、慎、细、实"。核无小事,核安全是核工业的生命线,"安全第一,质量第一"是核工业建设的最高行为准则。有一本畅销书叫《细节决定成败》(汪中求著),书中说到"成功取决于系统,差错发生在细节"。他又说"一个不经意的细节,往往能够反映出一个人深层次的修养"。核工业精神完全是彭士禄对待工作和事业的态度。

2005年11月18日,彭士禄院士荣获"中国工程院资深院士"称号。同时,中国核工业集团公司在钓鱼台国宾馆举办了"彭士禄院士从事科技工作48年暨80寿辰座谈会"。钓鱼台国宾馆10号楼的一层大会议室内喜气洋洋,来自总装备部、国防科工委、中国工程院、海军司令部及中核集团公司、中核建设集团公司、中广核集团公司、中国船舶重工集团公司等单位的代表40余人欢聚一堂,以座谈的方式,庆祝我国核动力领域杰出的开拓者和奠基者彭士禄院士从事科技工作48年暨80寿辰。全国政协副主席、中国工程院院长徐匡迪发来贺信,高度赞扬彭士禄院士爱国爱民、无私奉献的高尚品德和科学求实、严谨治学、勇于开拓的精神,称他是我国工程科技界的楷模和学习的榜样。全国政协原副主席、总装备部科技委主任朱光亚院士出席座谈会。座谈会由中核集团公司副总经理黄国俊主持。座谈会上,中核集团公司总经理康日新,总装备部科技委常委钱绍钧院士,国防科工委原副主任、专家咨询委副主任张华祝,中国工程院副院长杜祥琬院士,中核集团公司顾问蒋心雄,中核建设集团公司总经理穆占英,中广核集团公司高级顾问昝云龙、刘锡才,中核集团公司科技委副主任阮可强院士,中国核动力研究设计院名誉院长杨岐,海军司令部核安全局局长刘绍田等先后发言。他们回顾了彭士禄院士在我国核动力领域和核电领域中取得的光辉业绩,以及艰苦奋斗、无私奉献的崇高品德和敢于决策、勇于负责的坦荡胸怀。中国工程院院长徐匡迪写来了贺信,内容如下:

尊敬的彭士禄院士:在您八十初度、荣获"中国工程院资深院士"称号之际,我谨代表中国工程院并以我个人的名义向您表示衷心的祝贺,向您和您的家人表示最诚挚的祝福!您是著名的核动力专家,我国核动力领域的开拓者和奠基者之一。在20世纪60年代,您主持了潜艇核动力装置的论证、设计、试验以及运行的全过程,并参加指挥了第一代核潜艇的调试和试航工作;您参加、组织研制成功的对高温高压全密封主泵达到了当时的世界先进水平;在80年代初,您提出的投资、进度、质量三大控制要素,为大亚湾核电站工程打下了良好的基础;在秦山二期核电站的建设中,您提出了"以我为主,中外合作",自主设计、建造两台60万千瓦机组的方案,并亲自计算主参数、进度与投资,为秦山二期工程提供了可靠的科学依据。您长期从事核动力的研究与设计工作,在半个世纪的科研与工程实践中,为我国核潜艇和核电站的开拓和发展作出了突出贡献,并先后荣获全国科学大会奖、国家科技进步特等奖等。您是伟大英烈的优秀儿子,坎坷的童年磨炼了您不怕困难艰险、犟劲探索的优秀品格,几十位"母亲"的爱抚造就了您爱国爱民、无私奉献的高尚品德,您科学求实、严谨治学、勇于开拓的精神,是我国工程科技界的楷模和学习的榜样。在此,衷心地祝福您健康长寿、欢乐幸福,并望为国珍摄!

全国政协副主席　中国工程院院长:徐匡迪

二〇〇五年十一月十八

简短的贺词是对彭士禄工作和科研贡献的完整诠释。2005 年 11 月 23 日出版的《中国核工业报》第一版刊载了贺信的全文,同时,专门有一个版面

图 8-1　2005 年 11 月 23 日《中国核工业报》第 1 版刊载的贺信

对彭士禄的事迹和八十寿辰座谈会进行报道。

以下简要摘录康日新、阮可强、昝云龙等人在座谈会上的讲话资料：

彭士禄院士从事核动力事业40余年，以渊博的学识、严谨的科研作风、卓越的组织决策才能，以及在我国核潜艇和核电站的开拓和发展中所取得的重大成就，在国际、国内核动力界享有很高的声誉和威望。他是我国核动力领域杰出的开拓者和奠基者。作为我国核潜艇第一任总设计师，他被外国媒体誉为"中国核潜艇之父"。同时，彭士禄院士还是我国核电事业的奠基人。他曾任大亚湾核电站总指挥，亲自参与和领导我国核电自主化工作；在任中核总工程师和秦山二核董事长期间，负责秦山二期核电站的筹建。他提出了核电建设股份制，建立了董事会制度，并首次把招投标制引入核电工程建设。彭士禄院士不仅是令人尊敬的师长，更是我们学习的榜样。我们一定继承老一辈核工业人的优良传统，牢记肩负的崇高责任和光荣使命，带领核工业广大干部职工，全面落实科学发展观，坚持自主创新，立足自主发展，努力实现核工业新阶段新发展，再创新的辉煌。

康日新（中核集团公司党组书记、总经理）

彭总有两件事我至今还记得。第一是彭总原来在大学里学的是反应堆专业，但是回国后调到五〇四厂工作，专业不对口了，成为五〇四厂的第一任总机械师。当时为了保证重点工程，就需要把政治上可靠、技术上最优秀的专家调过去。应该说彭总毕业工作是改了行的，他作为五〇四厂的第一任总机械师，在这个岗位上发挥了很好的作用。

第二是我想起彭总对我们国家第一个核电站——秦山一期30万千瓦核电站的贡献。秦山一期刚开始选的堆型是熔盐堆，因为当时熔盐堆技术很热，为了使我们的第一个核电站技术先进，所以选择了熔盐堆。但是经过几年的研究后，遇到了困难，大家就开始意识到应该转为压水堆。那时候，彭总做了转型以后压水堆的第一个方案设计，把压水堆的整个参数和主要的轮廓都作了出来。秦山一期从熔盐堆改为压水

核动力道路上的垦荒牛　彭士禄传

156

堆，压水堆应该是怎样一些参数，整个回路大体是个什么样，这个报告是彭总和另外一个同志一起作出来的。应该说，在说到我国第一个核电站的时候，这个报告是有一定的开创性的。

彭总是我们国家第一个核潜艇的总设计师，参与并领导组织秦山一期、二期和大亚湾核电站的建设，又担任过五〇四厂的第一任总机械师。作为一个科技人员，这5件事里哪怕做一件两件，贡献已经就很了不起了，人这一辈子也就有安慰了，而彭总做了5件。这样一个核专家，对国家的事业，对党的事业始终忠心耿耿。

阮可强（中核集团公司科技委副主任，院士）

在我心中，彭部长首先是一个鞠躬尽瘁、全心全意为人民服务的一个革命者；其次他在工作中实事求是，从实际情况出发；第三是他不因循守旧，不愿意停留在一个点上，总是不断地要把事情往前推进，不管提出什么问题，不管做什么事情，不管是已经做过的还是没有做过的，他总能提出一套办法；第四就是敢于负责任，敢拍板决策，所有发生的事情他都能把责任担下来。这些给我的印象都很深。

彭部长对自己要求非常严格，到大亚湾以后他这个副部长级干部经常吃的是方便面。在建设大亚湾核电站的过程中，当时做的很多事情譬如招标的做法有些人不理解，甚至认为做得不对，但是现在回头看，如果当时没有这样做的话，那现在就是另外一个情况了。对所有这些争议，彭部长都承担下来，这是非常不容易的。假如当时没有这些基础，大亚湾核电这个项目就做不下去。

昝云龙（中广核集团公司高级顾问）

实地考察，身体力行

由于8岁坐牢时生病留下的后遗症，彭士禄2000年以后开始行动不便，出门要坐轮椅，75 岁高龄还坚持每天去办公室，身体力行地进行实地考察。

2000 年 6 月，彭士禄赴成都核动力院参观原 909 基地、成都热工水力实验室。9 月，参观原子能研究院，了解快堆建设进展情况及空间堆的试验情况。10 月，彭士禄赴青岛参加并主持核潜艇应急注射系统、排污系统、补给水系统的改进工作，确定改进方案。11 月，赴青岛参加核废元件运输方案讨论会，确定运输方案。仅在 2000 年一年就有多次考察并提出意见。

2006 年 4 月 28 日，彭士禄出席为秦山核电二期 3、4 号机组扩建开工庆祝活动。12 月 18 日，受云浮市政府邀请与原中广核集团党委书记安清明顾问一起到云浮考察。赴郁南、云安候选厂址踏勘，对该市两个候选厂址各方面条件予以肯定，并给云浮核电项目建设提出了建议。2008 年 8 月 13 日，到三门核电站现场考察工作。

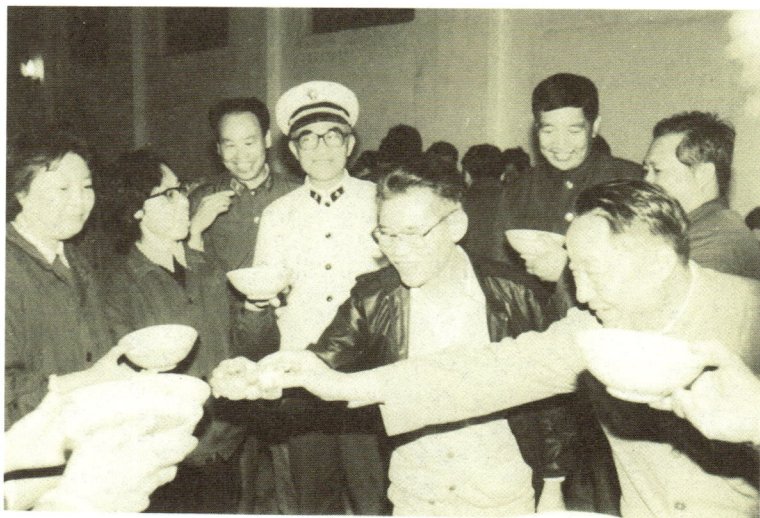

图 8-2　1985 年彭士禄在小平岛
（图片说明：1985 年中秋节在小平岛，九一八五试验现场，右二为彭士禄）

年事已高的彭士禄并没有在家开始享受生活，依然工作得很晚才回家，依然每年大部分时间都在外出差。很少能见到家人，尤其是孙女，彭士禄每天回来时都是深夜，孙女已经睡着了，而每天早上孙女醒来时，彭士禄却又出去了。为此，孙女跟他还签了一份合同书，大意是如果彭士禄能准时回家的话可奖励啤酒。

这份合同从另一个侧面反映出彭士禄生活中不可缺少的一样，那就是"酒"，每逢高兴事，彭士禄都喜欢喝一点。同事和邻居们都知道彭士禄爱喝酒。彭士禄居住的小区附近一家食杂店的店员经常会招待一位坐着轮椅来买烟或酒的老人，可他不知道，这位老人就是我国核潜艇首任总设计师。彭士禄在酒友圈内还获得了一个"酒圣"的雅号。

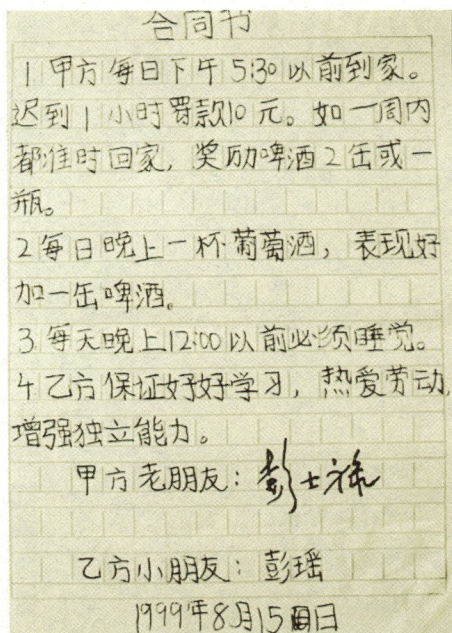

图 8-3　彭士禄与孙女签的合同

（图片说明：该图是 1999 年 8 月 15 日彭士禄与孙女彭瑶签的合同书。彭洁提供）

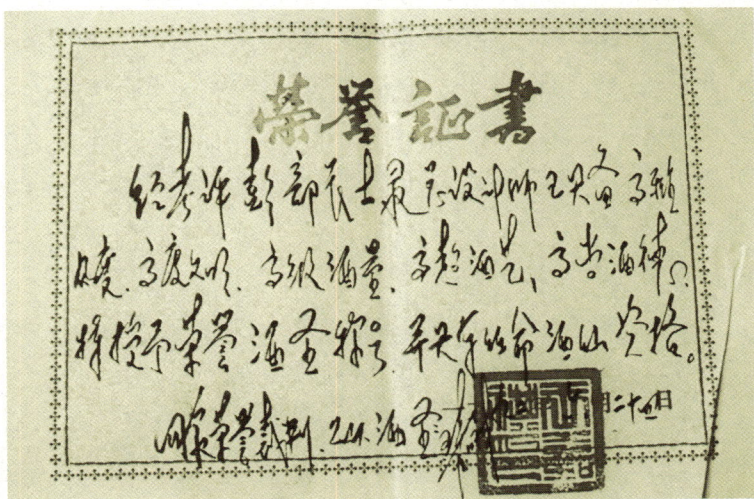

图 8-4　1992 年朋友颁发给彭士禄的酒量荣誉证书

（图片说明：该图为 1992 年 6 月，彭士禄获酒友颁发的"酒圣"称号荣誉证书）

工作中的三张牌

在多年的科技生涯里,熟悉彭士禄的人都说,他会打工作生活三张牌,那就是:简单牌、懒汉牌、糊涂牌。

先说"简单牌"。彭士禄的座右铭是:凡事越简单越好,做事要做"减法"。他是急性子,直脾气,遇事不愿意在烦琐复杂中去纠缠。在吃、住、行等生活的各个方面尽量简单,已是他的习惯,这种习惯让他把很多时间和精力用在科研上。他习惯于在千头万绪、错综复杂的情况下,抓住主要矛盾解决问题,那样其他问题也就迎刃而解了。作为核潜艇的总设计师,他是方案的拍板人。所有的方案,他有70%的把握就拍板了,因而,他也被同事们誉为敢于拍板的"彭拍板"。他说,对科技工作者来说,时间就是生命,就是效率,就是财富。他很不习惯争论,长时间的争论会误很多事,最后还是得靠实践来解决。有些问题要赶快定下来,再通过实践看看对错。对了就坚持,错了就改,改得越快越好,这比无休止的争论要高效得多。

彭士禄说,如何做到有70%的把握要看人的综合素质。综合素质来源于广博的知识、信息、经验、胆识、悟性和判断力。综合素质提升了,70%的把握也就出现了。有了70%的把握,那30%就交给实践去解决。彭士禄院士拍板的事都被实践证明是正确的。所以,他"彭拍板"的美誉也是很有价值的。有人说"核潜艇是彭总拍成功的",这话彭老并不认可,但也确实道出了"彭拍板"这个爱称的实践意义。

在广东大亚湾时期,有位美国专家拜访彭士禄时说,中国的核潜艇研制成功了,就可以搞核电站,为什么还要买外国人的呢?彭士禄用一个简单的比喻让对方听懂了,他说,中国乒乓球打得还可以,可是足球却踢不出去。因潜艇核动力很小巧,而核电站是庞然大物。1986年4月,切尔诺贝利核电站发生事故后,香港100万人签名反对建设大亚湾核电站,他们认为核电站会像原子弹爆炸一样。爱喝酒的彭士禄借用了一个比喻回答:"核电像啤酒,铀含量约为3％;而原子弹像酒精,铀含量高达90％以上,酒精用火一点就着,而啤酒是点不着的。"一句简单通俗的话让人们懂得了很多知识。

彭士禄善于把复杂的工程问题和经济问题作最简单的求解。然而,把这种思维方式应用于他的社会生活、政治生活以及人际关系上,就成了问题,碰了钉子。因此,虽然他曾"过五关斩六将",但也有走麦城失荆州的时候。

再说"懒汉牌"。彭士禄很喜欢培养年轻人,包括他的子女。他说,人有了一定的地位、权力、成就、资格后,就容易自以为是,倚老卖老,总认为自己是对的,容易对别人做事不放心,这很容易阻碍新生力量的发展。他说,世界变化很快,新技术发展更快,年轻人思想活跃,接受新生事物快,我们没有必要什么都把持在自己手里,没必要认为自己都是正确的。要学会打"懒汉牌",放手让年轻人去干。凡事是:你听过会忘,见过会记得,做过会明白。不放手让年轻人去做,优秀的人才就难以涌现。老者要为年轻人让路,让舞台,大胆地让年轻人去创新,错了也不要责难和批评,要引导和鼓励,并勇于承担责任。

彭士禄手下出了很多优秀人才,都是他的"懒汉牌"打出来的。

最后,看他的"糊涂牌"。彭士禄说,做明白人不容易,做糊涂人更难。在他的人生历程中对公总是明明白白的,对私,诸如名利、晋升、调级、受奖、涨工资等,却很糊涂。他现在不知道自己拿多少钱,不知道上下班坐的是什么车,也不知道住的房子是多少平方米……然而,凡是工程技术大事他却都搞得清清楚楚、明明白白。当年搞潜艇设计,用的是一台手摇计算机和一把计算尺。为了建立反应堆物理的计算公式,科技人员用这台手摇计算机和计算尺计算了十几万个数据,最后确立了自己的计算公式。有人认为已弄清楚了,但他却对反应堆在常态下能否安全受控没有可靠的把握,因为理论值与实际值还有一定的差距。于是,他又主持做了1∶1的零功率试验。结果发现了误差,修正了公式,补添了近一倍的可燃毒物棒,保证了反应堆在常温下安全可控。

正直、简单的人

1996年8月13日,在深圳广东核电集团召开的以加强领导班子思想政治建设为主题的核工业政研会中南华南网络研讨会上,彭士禄说,加强领导班子思想政治建设很重要,需要认真研究。领导干部要讲政治,是建设高素质的干部队伍的需要。现在,有少数党员、领导干部不争气,以权谋私,贪污受贿,腐化堕落,损害了党的形象。做一个合格的领导干部,首先要正,不要黑。要一身正气,堂堂正正地做人,要有奉献精神,不为自己和亲属谋私利。领导班子成员要开展批评与自我批评,互相劝告,互相敲打,互相监督①。

彭士禄在荣誉面前从不计较得失,也从不提出个人要求。他经常忙碌在工地上或出差。当他获全国科学大会奖时,他正在工地上,有人通知他去参加全国科学大会,他根本不知道自己是受奖者。在他荣获国家科学技术进步特等奖时,他还说,我也可以得奖?至于什么时候调级,什么时候评职称,什么时候涨工资,他一概不知,也不打听。别人的房子是越调越大,他却由七间的将军楼搬到四室一厅的单元房里住,大房子让给贡献大的人住,他总说,国家给我太多了。他担任过不少单位的顾问,从不拿报酬。他说,只要对国家民族有利,比拿点小钱更有价值。

20世纪80年代之前,很少有人知道彭士禄是核潜艇的首任总设计师。1985年,国际公认的"核潜艇之父"里科佛来中国访问,参观中国的核潜艇,会见了一些著名专家。来之前他提出要求会见彭士禄,得到的答复是,他外出了。英国1987年出版《WHO'S WHO》(世界名人录)列上了彭士禄的名字,把彭士禄对中国核潜艇的贡献介绍给了世界。

对于自己被冠以"中国核潜艇之父"的称号,彭士禄坚决反对。彭士禄对一些媒体记者采访时常说:"由于历史的误会,我有幸参加了我国核潜艇

---

① 《中国核工业报》,1996年8月28日(第一版)。

研制的全过程。时值"文化大革命",老虎都被赶下山了,只好'猴子'称王,我也被抬上'总师'宝座。[1]"

90年代,彭士禄夫妇开始支持"希望工程",并资助了家乡海丰县的贫困学生。

采集小组在与彭士禄的女儿彭洁交流时,彭洁用了几个词来描述彭士禄:慈祥、乐观、普通而又简单。

彭士禄在接受采集小组采访时说道:"这辈子最得意的事是搞成了核潜艇,为国家做点事。最难的是当时干活没有钱,到处干活都需要钱,要不到钱就干不了活。没觉得什么事情痛苦,小时候坐监狱都不算什么,有那么多老百姓妈妈呵护着,我是实话实说。"彭士禄性格特别的乐观,开朗,从来都只记得好的事情。即使彭士禄在协和医院住院时,也

图8-5 受助学生书法
(图片说明:受助儿童写给彭士禄和马淑英的书法"爱我海丰,发展海丰")

一直是医院里护士和病友们的开心果。大家都乐意与这位老人家聊天,有时还开他玩笑,他总是笑眯眯的。在医院走廊里,遇到其他病人,彭士禄都会主动打招呼,有时还很幽默地跟大家"Hello"。彭士禄早在延安经历的一次生病,也充分展现了其乐观精神,他这样描述当时的经过:

在延安当护士的时候,那很艰苦,结果吐血了。医生就说我是肺结核,给我下了三条禁令:一条不能爬山,二不要游泳,三不要晒太阳。我一听这怎么弄啊,这真是麻烦透了,我就反其道而行之,山照爬,泳照游,太阳照晒。这么坚持着,过两、三个月它就好了,所以我得出来个教训,人的乐观精神很重要,越怕死越死的快。我当护士就看到一个病人在内科里,他本来是气管炎,结果误诊成肺结核。一听发愁啊,瘦的简

---

① 《中国工程院院士自述》,1996年。

图 8-6　2006 年彭士禄与受助学生合影

（图片说明：2006 年 5 月 20 日，在彭湃中学彭湃雕塑前与受助学生合影，左三为彭士禄，左二、右三为受助学生）

直没办法。后来知道了，医生告诉他你没有肺结核，你是气管炎，两个礼拜就好了。这精神状态非常重要。我得出一条，所以我说不怕死的人他死不了，乐呵呵地活着多好啊。

住院期间，据他女儿彭洁所说，"彭士禄现在最怕的是打针。烟和酒现在都戒掉了，很痛快，一下就戒掉了。"

多角色的人生

彭士禄的父母是烈士，他正常的生活轨迹被切断，便有了多个角色的童年。他近 90 年的人生社会角色也是多面的，有人用行列式进行表达：

小孤儿	小佣人	小囚犯	小乞丐	
绣花仔	游击战士	模范护士	模范学生	
化工技术员	留苏生	优秀毕业生	专家翻译	= 核动力专家
研究室主任	副教授	副总工程师	副院长	
总设计师	董事长	副部长	院士	

彭士禄还是世界舆论中的另一个行列式中的主角之一：

落后的工业	后进的科技	稀缺的人才	
动乱的文革	封锁的情报	匮乏的资金	= 核潜艇
较短的时间	较好的组合	较优的性能	

以上两个行列式都是彭士禄人生角色的扮演，每个角色他都扮演得尽心尽力。

我们回顾彭士禄的工作经历，在他所填写的《干部履历表》中"工作经历"一栏，他所扮演的角色包括游击战士、护士、技术员、工程师、副部长等等，这些角色伴随彭士禄走遍了中国的南北。彭士禄还是第四届全国人民代表大会代表、第八届全国人民代表大会常务委员会委员、中国第十一届代表大会代表，中共第十二届中央委员会候补委员，中共第十三届代表大会代表。

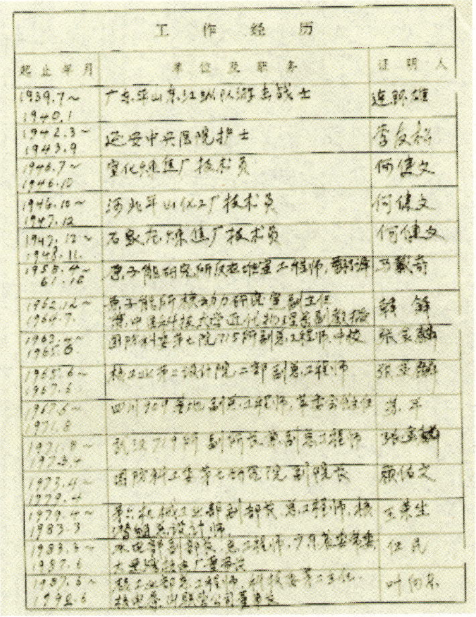
工作经历

起止年月	单位及职务	证明人
1939.7~1940.1	广东[illegible]东江纵队游击战士	[illegible]
1942.3~1943.9	延安中央医院护士	[illegible]
1946.7~1946.10	宣化炼焦厂技术员	何健文
1946.10~1947.12	河北平山化工厂技术员	何健文
1947.12~1948.11	石家庄炼焦厂技术员	何健文
1958.4~61.10	原子能研究所反应堆室工程师，翻译	[illegible]
1962.12~1964.7	原子能所核动力研究室副主任兼中国科技大学近代物理系副教授	[illegible]
1963.4~1965.6	国防科委第七院715所副总工程师，中校	[illegible]
1965.6~1967.6	核工业第二设计院二部副总工程师	[illegible]
1967.6~1971.8	四川909基地副总工程师，革委会[illegible]	[illegible]
1971.8~1973.4	武汉719所副所长兼副总工程师	[illegible]
1973.4~1979.4	国防科工委第七研究院副院长	[illegible]
1979.4~1983.3	第六机械工业部副部长、总工程师，核潜艇总设计师	[illegible]
1983.3~1987.6	水电部副部长、总工程师，[illegible]大亚湾核电厂[illegible]	[illegible]
1987.6~1998.6	核工业部总工程师，[illegible]	[illegible]

图 8－7　彭士禄的工作经历

（图片说明：图来自于彭士禄 1999 年在中核集团所填写的《干部履历表》）

结　语

　　彭士禄院士在 1996 年《中国工程院院士自述》中,用四点总结自己:其一,一家与百家;其二,主义与精神;其三,明白和糊涂;其四,拍板与改错。短短的 2 000 字自述中,对于"一家与百家","主义与精神"的解读,切实地反映了彭士禄所经历的非同一般的童年生活,以及经历磨难之后所展现的精神和气节。"明白与糊涂","拍板与改错"更加诠释了彭士禄院士对待生活、工作和研究的态度以及敢于承担责任、敢担当的为人品格。尤其对于担任核潜艇首任总设计师一职,彭士禄有这样的描述"由于历史的误会,我有幸参加了我国核潜艇研制的全过程。时值'文化大革命','老虎'都被赶下山了,只好'猴子'称王,我也被抬上'总师'的宝座。"可见其在面对功名利禄时所表现出的淡定和从容。这些都是彭院士对自己的总结和评价。

　　采集工作接近尾声,在翻阅了大量彭士禄院士资料的基础上,与彭院士也有 3 次的见面和接触,虽然每次见面都是短短的几个小时,而且院士由于身体原因,对于一些事情的记忆已经非常模糊了。可是对于一个从 ICU 病房出来不久并经历了紧急抢救的老人来说,还能笑着对我们讲述他的经历,留给我的记忆却是深刻的。彭老之所以能取得如此的成绩,除了他对自己的四点总结,一定还有其他更多的原因。与彭院士相比,我们实在是一个微不足道的"小小"人物,如今却也想要总结几点:

其一：感恩与回报。彭士禄不到 4 岁的时候，母亲和父亲相继牺牲，自己也被国民党反动派列为追捕的对象。童年时期几经入狱和逃难，经历了数次致命的疾病，最后终于来到革命圣地延安读书。在这种常人难以想象的环境下彭士禄能够活下来，主要是当时贫苦老百姓的照顾和掩护。彭士禄在被祖母周凤找到并在党组织的帮助下营救出来之前辗转于多户百姓家，有"山顶阿妈"，有婶娘，还有对自己保护最多的潘姑妈，他们都是冒着生命的危险来保护这个国民党反动派要抓捕的彭湃的后人。

老百姓给予彭士禄的帮助最终让他在战火纷飞的年代里幸存了下来。对此，彭士禄的感恩和回报主要体现他对老百姓的关心和对工人以及下属的帮助。彭士禄在河北炼焦厂工作之余会帮助老百姓的小厂子制造硫酸，会千里迢迢去看望生病的工人。彭士禄的书房并没有放置彰显其成就的物件，摆放的是他离开广东大亚湾核电站时工人送给他的垦荒牛雕塑，是彭士禄的宝贝。

彭士禄曾在自述中写到"几十位'母亲'给我的爱抚，感染了我热爱百姓的本能。父母亲把家产无私分配给了农民，直至不惜生命，给了我要为人民、为祖国奉献一切的热血。延安圣地培育了我自力更生、艰苦拼搏、直率坦诚的习性。总之，我虽姓'彭'，但心中永远姓'百家姓'"。

除了老百姓，彭士禄能够活下来并取得今天的成就不能离开党组织给予彭士禄的特别关怀。彭士禄在牢房的时候，是党组织通过彭泽民找到陈卓凡进行的营救，通过他的关系来释放彭士禄。1940 年秋，也是党组织安排彭士禄去延安学习，周恩来派副官龙飞虎将彭士禄和另外几名烈士子女接到重庆，于年底转送到延安。1944 年至 1955 年，党组织先后安排彭士禄到延安自然科学院、哈尔滨工业大学、大连工学院、喀山化工学院、莫斯科化工机械学院、莫斯科动力学院学习和进修。

彭士禄到了延安之后，就已经开始用自己的行动回报党组织。彭士禄所在延安中学二班的同学，大多是烈士子女、干部子女，年龄参差不齐，有的还不懂学习的重要性，往往时间抓不紧。彭士禄担任第四组组长，第四组成了全校的模范小组。他们学习毛主席《在延安文艺座谈会上的讲话》，对照检查自己。彭士禄在小组会上说："我们的父母亲经过残酷的斗争，有的流血牺牲了,才换来这个学校,要不好好学习,怎对得起自己的父母亲,怎对得起党?"当时的第四组在全校是学习模范,劳动和团结也是模范。那时在劳动生产中一般同学纺毛线半天可纺二三两;彭士禄和同学给纺车加上加速轮,半天就可以纺半斤毛线。他们的三架纺车一齐转,一周就纺了8斤毛线。谁的衣服单薄就先给谁织毛衣穿。彭士禄除了做纺车,还用马尾巴做牙刷,自制牙膏,等等。彭士禄开荒种地不怕吃苦,老实肯干,像一头黄牛。细活他也样样在行,从打草鞋、做布鞋到织毛衣、绣花。他还自己动手制作胡琴、三弦和小提琴。因为学习、劳动样样突出,彭士禄还被选为模范学生。

1942年,中央机要处和中央医院都到延安大学中学部要工作人员。本来,学校没有派彭士禄,可他坚决要求到中央医院去当护士,还动员另一个男同学王立明与他同去。彭士禄在内科、外科、妇科、传染科都学习和工作过。他常给病人倒屎倒尿,帮助病人洗衣服,拆被子,星期天也不休息。在一年半的工作中,处处事事起带头作用,被评为中央医院的模范护士。在此期间,他由于劳累过度得了肺病,时常吐血,但仍坚持工作。后来蔡畅得知后,曾几次派人去医院接他,但他都不肯回去。医生命令他休息,他还是偷偷去帮助同志搞室外工作。直到1943年8月,中央组织部下了调令,他才不得不从医院出来,经过短期休息和治疗后,又回到延安大学中学部学习。1944年,班主任贾芝在《解放日报》上写过一篇报道——《第四组》,介绍延大中学部二年级第四组组长彭士禄同学的模范事迹。

对于党组织的回报,彭士禄也曾在自述中写到"我坚信共产主义必胜无疑,作为共产党员,我将为之奋斗终生! 也许因为是属'牛'的吧,非常敬仰'孺子牛'的犟劲精神,不做则已,一做到底。活着能热爱祖国,忠于祖国,为祖国的富强而献身,足矣;群体团结,是合力,至关重要,最怕'窝里斗',分力抵消,越使劲越糟糕,最后变成负力,悲矣! 尽自己的力气去做正功,没有白活。"

彭士禄是中国核潜艇首任总设计师,担任过水利电力部副部长,负责过中国核电站的建设。对党的回报就是做好工作,对百姓的回报就是关心基层、工人和下属,从不忘本。彭士禄常说,对老百姓的恩情是几辈子都还不完的。延安精神研究会在2010年采访过彭士禄,制作了长达2个小时的口述视频资料,这过程中,彭士禄亲笔写下"感谢老百姓的养育,彭士禄"。

其二:吃苦与钻研。

彭士禄所吃过的苦可以说是常人难以想象的。彭士禄为了生活当过小乞丐,在广州感化院发高烧导致瘫痪差点死掉,在东江纵队当小游击战士时得过严重疟疾,在延安当护士时得过肺炎,几经生死。

留学期间,彭士禄很能吃苦,没有在 12 点钟以前睡觉的,每门成绩都是5 分。

1962 年 2 月,彭士禄开始主持潜艇核动力装置的论证和主要设备的前期开发。当时中国在核潜艇的建造方面所掌握的知识近乎为零,在这种状况下搞核潜艇全靠四个字"自教自学"。

一切从零开始,学习起来谈何容易。仅凭一腔热血是不够的,需要把自己和别人已有的经验和技能进行转化,同时吸收新的知识。摆在彭士禄面前的就是这样一个摊子:反应堆研究室不到 50 个人,每人每月平均只有 5 元行政经费;三年困难时期,大多数人浮肿或转氨酶偏高,他们像全国人民一样在忍饥挨饿;除了五六个人是核动力专业之外,其他人都是来自其他学科的科技人员,大部分还是刚刚走出校门的大学毕业生。

根据原子能研究所党委提出的"坐下来,钻进去,入了迷"的要求,彭士禄针对全室大多数人只会俄语不会英语,而外文资料又大多为英文的状况,组织了英语学习。大家从早晨 5 点多钟起床就背英语单词,甚至上厕所时也在背,夜深了也要背上几遍新学的单词才去就寝。这样边学英语,边看与各自专业有关的英文资料,经过两年的努力,全室基本上过了英语阅读关,并且摸清了国外核电站、核动力装置的基本情况。同时,彭士禄在反应堆研究室内开始系统地讲授反应堆物理、反应堆热工水力、反应堆控制、核动力装置等课程,由他和韩铎、蒋宾森、沈俊雄等主讲。他要让全室人员尽快都姓"核"。通过边学习边干,同志们很快便掌握了核动力装置的基本原理及各系统、各专业间的内在和相互制约的关系,使这些门外汉迅速地站到了核动力科学研究的前沿。

其三:态度与责任。

凡工程技术大事必须做到清清楚楚,明明白白,心中有数,一点也不能马虎。但人总不完美,对事物总有几分模糊。这时就要通过不耻下问、调查研究、收集信息、进行试验等来搞清楚。为了建立反应堆物理的计算公式,在 60 年代只有手摇计算机和计算尺,彭士禄带领科技人员日以继夜计算了十几万个数据,确立了自己的计算公式,但仍没有把握保证反应堆的绝对安全。彭士禄又做了 1∶1 零功率试验,发现了误差,修正了公式,补添了近一倍的可燃毒物棒,保证了反应堆在常温下安全可控,把反应堆的脾气摸得清清楚楚,明明白白。做一个明白人谈何容易? 他要有超前意识,对问题有新思路、新见解;对工程技术能亲自计算主要技术经济数据;对工程进度能说出某年某月应办哪几件关键事;对技术攻关能亲自挂帅出征,出主意,给点子。

其四:"大"家和"小"家。

"大"家就是国家,"小"家就是彭士禄的家庭。彭士禄曾经在接受媒体采访时说道,自己的"夫人"有 3 个:一是核动力;二是烟酒茶;三是自己的妻子马淑英。彭士禄在 80 岁高龄还在视察核电站的建设工作,经常参加各种学术活动。年事已高的彭士禄并没有在家开始享受生活,依然工作得很晚才回家,依然每年大部分时间都在外出差。很少能见到家人。对此,孙女很有意见,彭士禄每天回来时都是深夜,孙女已经睡着了,而每天早上孙女醒来时,彭士禄却又出去了。为此,孙女跟他还签了一份合同书,大意是如果彭士禄能准时回家的话可奖励啤酒。

1965 年核潜艇工程上马,彭士禄从北京迁到四川。随后 1969 年 9 月,马淑英带着子女二人也迁到四川。马淑英从苏联留学回来就分配到北京化工学院教化学,她深爱自己的教育事业。马淑英讲课好,是学校出了名的,深受学生的喜爱。当 1969 年离开化工学院跟彭士禄来四川时,学生们很不舍马淑英,离别之时,很多学生都来送马淑英,哭着跟马淑英拥抱,久久不能放手。来到陆上模式堆试验基地的马淑英便正式转行参与到基地建设工作上来。

其五:荣誉与得失。

彭士禄在荣誉面前从不计较得失,也从不提出个人要求。他经常忙碌在工地上或出差。当他获国家科学大会奖时,他正在工地上,有人通知他去参加国家科学大会,他根本不知道自己是受奖者。在他荣获国家科学技术进步特等奖时,他还说,我也可以得奖? 什么时候调级,什么时候评职称,什么时候涨工资,他一概不知,也不打听。别人的房子是越调越大,他却由七间的将军楼搬到四室一厅的单元房里住,大房子让给贡献大的人住,他总说,国家给我太多了。他担任过不少单位的顾问,从不拿报酬。他说,只要对国家民族有利,比拿点小钱更有价值。

对于彭士禄的学术成长特点,还要特别总结如下:

(1)出国前没有接受系统的小学、初等和高等教育。彭士禄仅念过 2 年小学,2 年的初高中,2 年的大学进修。没有国内的学位证书。

(2)留苏经历对以后的研究起到至关重要的作用。自学补充基础知识和吃苦耐劳是取得优异成绩的奠基石。留苏经历属于进修性质,后被认定为硕士学历,但仍没有正式的学位证书,只有结业证书以及认定为硕士学历的证明,没有硕士毕业论文。

(3)在"文化大革命"时期,红色背景对于开展核潜艇研究是一项优势。

(4)用数据说话,亲自计算、管理决策是核潜艇和核电站工作重要因素。

附录一
彭士禄年表

彭士禄大事年表

1925 年

11 月 18 日,出生于广东省海丰县海城镇城桥东社,取名彭赤湿。

1928 年

春,海陆丰苏维埃政权失败后,为躲避敌人追捕,跟奶妈王婵逃难。

9 月 21 日,母亲蔡素屏①牺牲,时任海丰县妇女协会执委,年仅 31 岁。

1929 年

在海丰住大伯母家,帮她家看家、喂鸡。

---

① 蔡素屏(1897—1928),彭湃的妻子,1926 年参加中国共产党,随彭湃发动和组织海陆丰农民运动,曾任海丰县妇女协会第三届执行委员会委员。在执行任务时被敌人逮捕,在海丰被国民政府枪杀,英勇就义。

8月24日，父亲彭湃①被捕，随后转押到龙华警备司令部。

8月30日下午，父亲彭湃牺牲，在上海被国民党反动派秘密枪杀，英勇就义，时任中共中央政治局委员、中央农委书记、江苏省委常委、省委军委书记，年仅33岁。

9月，被国民党反动派列入搜捕范围。

1930 年

春，被七婶杨华从海丰接到澳门，与七婶一家、祖母周凤②一起生活。靠糊火柴盒、做小鞭炮维持生活。

为躲避敌人的追捕，也为了以后能够免费读书（上教会学校），参加了天主教，成为一名天主教徒，名字由彭赤湿改为彭保禄。

1931 年

到香港，住在五叔家，做许多家务，带小弟弟、做饭、洗衣、扫地、洗痰盂等。

夏，被中共地下党组织找到，由其七叔彭述③送至潮安，拟打算有机会再送到中央苏区瑞金。

在潮安，先后在几十户革命群众家里寄养。最后，被送到红军队长陈永俊家，由其母亲潘舜贞④抚养将近一年。

1933 年

9月4日（阴历7月15日），与潘姑妈一起被捕，先送至潮安县监狱，后被押送到汕头石炮台监狱。

---

① 彭湃（1896—1929），又名彭汉育，中国农民运动领袖，1921年参加社会主义青年团，1924年加入中国共产党，1927年创建了海陆丰苏维埃政权和东江革命根据地，牺牲前曾任中共中央政治局委员、中共中央农委书记等职。

② 周凤（1871—1973），彭湃的母亲，支持彭湃和海陆丰农民革命运动，她的3位儿子、2位儿媳和1位孙子，共6人是革命烈士，1973年3月12日逝世，享年103岁。被毛主席称为"革命母亲"。

③ 彭述（1903—1933），彭湃胞弟，排行第七，1933年被国民政府秘密杀害，牺牲时年仅30岁。

④ 彭士禄称之为姑妈。

被国民党反动派列为"小政治犯",国民党当局为之照相,在《南山剿匪记》和广州《民国日报》上刊登大幅照片,在醒目的位置注有"共匪彭湃之子被我第九师捕获"等字样。

1934 年

与一批红小鬼及红军家属被转送到广州感化院。

1935 年

夏,被释放,回到潮安当上了乞丐,后寄居于穷苦百姓家里。

1936 年

夏,再次被捕,被押送到潮安监狱。

几天后,被祖母周凤营救出狱带回香港,先由祖母和七婶抚养,后在香港和澳门的彭泽民、柯麟、连贯等几家住过。

1937 年

9 月,读于圣约瑟书院,共读两年小学。

1939 年

暑假,由于祖母周凤回海丰,暂居于彭泽民[①]家。期间,与堂弟彭科一起逃离香港,到惠州的平山寻找东江纵队。

7 月,在广东平山县加入东江纵队,成为一名游击战士,当特务队员,站岗放哨。

1940 年

1 月,被香港中共地下党组织找到,因身体虚弱又患疟疾,被送回香港治

---

① 彭泽民,爱国民主人士、著名老中医、中国农工民主党的组织领导者,是南洋最早追随孙中山先生的革命党人之一。

病,住在连贯家里。

3 月,病愈后,在香港九龙南方书院学习,读五年级。

暑假,到澳门柯麟家休养、调理。

8 月,赶回香港连贯家,准备和新加坡一批华侨青年一起奔赴延安。由彭光涵带队,连贯将彭保禄改名为彭士禄,并让其认彭光涵为大哥。

8 月,从香港经贵阳到桂林第十八集团军办事处,在桂林附近乡下一个小学学习,等待去延安的机会。

秋,由贺怡①妈妈和周恩来派的副官龙飞虎带队,与其他一些烈士子弟一起离开桂林,到达重庆。在重庆八路军办事处,第一次见到了周恩来、邓颖超。

年底,到达延安。

1941 年

年初,就读于延安泽东青年干部学校少年班,后到延安中学学习。

4~5 月间,陕北公学、中国女子大学、泽东青年干部学校合并为延安大学,转入延安大学中学部。读初中一年级,开始学习代数、语文、政治等课程。

1942 年

3 月,延安中央医院从延安中学调一批人当护士,自愿报名,成为一名护士,被评为模范护士。

1943 年

9 月,因患肺结核,常咳嗽吐血,中央组织部将其调离医院。入延安大学中学部学习。在二班四组任组长,被评为学习模范组,事迹曾刊登于延安《解放日报》。

---

① 贺怡,贺子珍妹妹,曾任中共江西省委组织部长。

1944 年

春,就读于延安大学自然科学院①,读化工系,1945 年春被评为模范学生。

1945 年

8 月 1 日,加入中国共产党,破例免预备期,后任党支部书记。

12 月,在晋察冀边区工业学校②(张家口工业专门学校)化工班学习,结业。

1946 年

7 月,到宣化炼焦厂工作,任技术员。

10 月,奉命把宣化炼焦厂的设备迁到阜平,在那里建立炼焦厂。后在河北平山化工厂工作,任技术员。后到河北阜平军工厂工作,任技术员。

1947 年

秋,在石家庄炼焦厂工作,任技术员。

1948 年

秋,中央组织部下调令,到西柏坡报到,跟随贺怡经大连、沈阳到哈尔滨。准备去苏联,结果去晚了,错过了一次赴苏联的机会。

到哈尔滨工业大学学习,读预科。

1949 年

春,被贺怡招至沈阳组织部,与贺怡、贺子珍共同生活一段时间。

9 月,在大连大学工学院应用化学系学习化工机械专业,结业。

---

① 延安大学自然科学院,由原延安自然科学院并入延安大学。

② 晋察冀边区工业学校,原延安自然科学院,内战初期,延安自然科学院副院长恽子强带队从延安出发,打算经张家口向东北挺进。延安自然科学院留在张家口,成立了晋察冀边区工业学院。

1950 年

7 月,在大连工学院①化工系学习。

1951 年

7 月,进京参加留学考试,成绩优异并入选。出国前,在中南海怀仁堂与其他留学生一起被周总理接见。

8 月,在喀山化工学院化工机械系学习,任中国驻喀山留苏学生支部书记。

1954 年

1 月 21 日,美国建造成了世界上第一艘用原子能作动力的核潜艇。

1955 年

9 月,转到莫斯科化工机械学院学习。

1956 年

7 月,毕业于莫斯科化工机械学院,成绩全优,获优秀化工机械工程师。时值陈赓将军访苏,要挑选少数学生攻读核动力专业,再次被选中。

9 月,在莫斯科动力学院进修核动力专业 2 年,结业。

1958 年

5 月,回国,被分配到北京原子能研究所工作,技术 6 级工程师,并任俄语翻译。

6 月 13 日,在北京与留苏同学马淑英②结婚。

---

① 1950 年 7 月,大连大学建制撤销,大连大学工学院独立为大连工学院。

② 马淑英(1935—2011),1935 年 1 月生于辽宁省营口市。1953 年赴苏联留学时与彭士禄同在喀山化工学院学习,1955 转至莫斯科门捷列夫化工学院,1958 年以全优成绩毕业,获优秀化工工艺工程师证书;回国后,先在北京化工学院任教,后来被调从事核潜艇有关的技术研究工作,任研究室主任,高级工程师。曾与他人一起获国家科技情报成果一等奖,个人曾获部级科技进步三等奖和优秀科技情报成果奖等。

6 月 27 日,聂荣臻元帅召集有关专家,讨论中国研制核潜艇的可行性,向"德怀同志,总理并报主席、中央"起草《关于开展研制导弹原子弹潜艇的报告》。

9 月,二机部组建反应堆研究室,任副主任,负责核动力研究。

年底,中国组建核动力潜艇工程项目,开始核动力装置预研。

1960 年

8 月 15 日,儿子彭浩[1]在北京出生。

在原子能研究所十二室五大组从事潜艇核动力堆的研究设计。

1961 年

2 月,十二室五大组调十局,只保留少数人马组成设计组,任副组长。赵仁恺任正组长,接受原子能研究所和十局的双重领导。

年底,受郭沫若聘请在中国科技大学讲授《反应堆》、《热工水力》等课程。

1962 年

2 月,核潜艇项目下马,只保留一个 50 多人的核动力研究室,建制划归国防科委七院。带领核动力研究室全体设计人员归入七院,并负责全面工作,和几位留苏的同事当老师,给研究室新来的大学生们开设反应堆物理等五门专业课。

2 月,被任命为北京原子能研究所核动力研究室(47 - 1 室)副主任。

5 月 9 日,女儿彭洁[2]出生。

11 月 7 日,参加中国科技大学近代物理系兼职教员座谈会,就原子核工

---

[1] 彭浩,毕业于北京师范学院管理系,获法学学士学位,现为中安实业公司董事长,福田平乳公路发展有限公司副总经理。广东海丰核电筹建处副主任。

[2] 彭洁,毕业于镇江船舶学院,获工学学士学位,中船重工 714 所研究员,曾获国防科学技术二等奖,排名第三;国防科学技术进步奖三等奖,排名第一,已退休。

程专业课程设置提出意见。

11 月 23 日,被时任中国科学院院长的郭沫若聘请为中国科学院原子能研究所学术委员会委员。

12 月,任原子能研究所核动力研究室副主任。

1963 年

1 月 18 日,被正式聘任为中国科技大学近代物理系副教授。

3 月,海军第七研究院成立原子能潜艇核动力工程研究所,47 - 1 室并入该所,简称 715 所。

4 月,任国防科工委第七院(中国舰船研究设计院)十五所(核动力研究所)副总工程师。

8 月,中央专委下文,批准七院核潜艇研究室与二机部核动力反应堆设计室合二为一,组建成立核潜艇动力工程研究所,任副所长。

8 月 15 日,被时任所长的钱三强聘请为原子能研究所反应堆研究部学术委员会委员。

著《反应堆热工水力计算》作为中国科技大学讲义。

1964 年

1 月 18 日,被总字九〇七部队任命为副总工程师。

4 月 8 日,在国防科委第七研究院工作期间,被授予陆军技术中校军衔。

10 月 16 日,中国第一颗原子弹成功爆炸。

1965 年

3 月 20 日,周恩来主持中央专委十一次会议,批准核潜艇研制工程重新上马。核潜艇项目重新启动,奉命负责核动力的总体设计。在此期间,主持潜艇核动力装置的论证和主要设备的前期开发,建立核动力装置静态和动态主参数简易快速计算法,解决核燃料元件结构型式和控制棒组合型式等重大技术关键。

夏,来到四川,参与筹建我国第一座潜艇核动力装置陆上模式堆试验基地。

6 月,核潜艇动力工程研究所转并到二机部第二设计院二部,任副总工程师。

1966 年

2 月,组建陆上模式堆动力装置工程设计组。

1967 年

6 月,到四川 909 基地,任核潜艇陆上模式堆基地副总工程师,直到 1971 年 6 月,兼任革委会代主任。

8 月 30 日,中央军委向所有参加核潜艇工程的单位和工作人员发出《特别公函》①。

1968 年

7 月 18 日,由于受"文革"影响,陆上模式堆工程建设严重拖后。中央军委主席毛泽东发出"7·18"批示,要求成都军区支援陆上堆模式工程建设,令陆上模式堆工程建设起死回生。

1969 年

3 月,模式堆主厂房落成,随安装队伍进入主厂房,现场指挥工作。

夏,拍板确定核潜艇动力系统的主泵设计。

1970 年

2 月 8 日,上海市组建核电站工程筹建处,定名为 728 工程。

6 月 28 日凌晨两点,所指挥的核动力装置首次冷态临界。

7 月 15 至 16 日,在人民大会堂福建厅向周恩来、聂荣臻、叶剑英等中央

---

① 《特别公函》给核潜艇的研制工作开了一路的绿灯,就连那些靠"文革"造反起家的"当权派",看到这个项目是毛主席亲自批准的,也不敢影响正常的工作。

专委作核潜艇研制工作专题汇报。

7月18日,主持1∶1核潜艇陆上模式堆起动试验。

7月30日,反应堆主机达到满功率指标,试验取得了圆满成功,为核动力装置一次性成功运用于潜艇起到决定性的借鉴作用。

8月30日18点30分,启动我国第一座核潜艇陆上模式堆动力装置,提升至满功率。

12月26日,我国第一艘核潜艇在造船厂胜利下水。

1971 年

6月,任武汉719所(核潜艇总体设计研究所)副所长兼副总工程师,任职到1973年5月。

1972 年

被邀请到上海参加728工程(秦山一期核电站一期工程)讨论会,讨论中国未来核电站堆型的选择,对最终由熔盐堆改为压水堆起到重要作用。

1973 年

4月,任国防科工委第七研究院(中国舰船研究院)副院长。期间,指导和协调解决了核潜艇研制、生产中的许多重大技术问题,包括后续艇的研制、生产。

1974 年

3月,参加压水堆方案向周总理的汇报会。

在葫芦岛,参加核潜艇的调试安装工作。

8月1日,参加在葫芦岛举行的核潜艇交接仪式,091首制艇被中央军委命名为"长征一号",正式列入海军战斗系列。

1975 年

1月,作为第四届全国人民代表大会代表出席中华人民共和国第四届全国人民代表大会第一次会议。

年初,生病,胃穿孔,胃切除四分之三。

1977 年

8 月,当选中国共产党第十一届代表大会代表。

1978 年

3 月,出席全国科学大会,因核潜艇的研制设计成功获全国科学大会奖。

1979 年

6 月,任中华人民共和国第六机械工业部副部长、总工程师。

由国防科委、国务院国防工业办公室联合任命为核潜艇第一任总设计师。在担任第一任核潜艇总设计师期间,主持中国核潜艇核动力装置的论证、设计、试验以及运行的全过程。具体技术关键包括:①作为首任主要技术负责人,主持确立中国第一艘潜艇核动力装置的设计方案;②建立一整套核动力装置静态和动态主参数计算方法[1],解决核燃料元件结构等重大技术关键问题;③组织建造 1∶1 潜艇核动力装置的安全运行、分析异常现象、事故苗头、排除故障;④参加、组织研制成功的耐高温高压全密封主泵达到了当时的世界先进水平;⑤对核潜艇研制、生产中的许多重大技术问题,如惯性导航、水声、武备、造水装置等拍板决定,协调解决,并指导后续艇的研制、生产。

1980 年

参与筹建中国核学会,任第一届理事,第二、三届副理事长。

负责筹建中国核能动力分会。

任中国核能动力分会会刊《核动力工程》主编。

---

[1] 建立的核动力装置主参数计算方法,在主参数的选定、系统组成及关键设备的选型等方面有很强的实用价值并可推广应用于压水堆核电站。

筹建中国核能动力分会,任第一届理事长。

5 月 4 日,第二机械工业部改名为核工业部。

9 月,出席中国共产党第十二次全国代表大会并当选中国共产党第十二届中央委员会候补委员。

11 月,题词祝贺《造船技术》出版十周年。

2 月,带领参加过核潜艇工程的 10 名技术骨干来到广东,开始核电站建设工作。

2 月 9 日,国务院批准成立广东核电站建设协调小组,主持指挥部工作。

2 月,成立广东省核电站建设指挥部,任指挥长。

3 月 14 日,和李鹏率领的中国核电站代表团在香港进行中英会谈的预备性会谈。

3 月 22 日,在北京,和李鹏率领的中国核电站代表团和由英国工业部次官孟思先生率领的代表团就广东与香港合营广东核电站问题进行会谈。

3 月,任中华人民共和国水利电力部副部长、总工程师、广东省委常委、广东大亚湾核电站总指挥,兼任国防科工委核潜艇技术顾问。

5 月,率团访问法国的法国电力公司(EDF)和 FRA 公司。为日后选定广东核电的顾问公司做准备。

6 月 1 日,广东省成立广东核电建设工作小组,任副组长,李建安任组长。同时,成立与外资合营的广东核电合营有限公司,任中方董事长兼总经理①。

① 期间,筹建工作进展迅速,在不到两年的时间里完成征地、移民、修路、建淡水库、施工电力、通讯保障等等,并组织与外商进行多种技术经济谈判。大亚湾核电站引进外资,对利率、浮动率、投资概算、付款、利息、还本等一系列经济学课题进行了学习。提出核电站工程的投资、进度、质量三大控制的重要性及具体措施,为投资和进度控制问题建立数据模型。

6月,接待日本三菱核电考察团。

8月15日,提出核电站建设的时间价值观念,撰写《关于广东核电站经济效益的汇报提纲》,计算核电站的主参数及经济计算。

9月,国务院成立国务院核电领导小组,为领导小组成员之一,国务院副总理李鹏为组长。

10月25日,在深圳蛇口主持广核筹建办、中电、EDF、FRA 和 GEC 第一次工程协调会。

11月21日,向国务院核电领导小组提交《关于广东核电合营公司成立前需要解决的若干问题的请示报告》,报告合营公司成立前需解决的问题。

12月5日,率水电部代表团与由英国工商部长次官孟思率领的代表团在北京就广东核电站问题举行会谈,谈判广东核电站设备采购及贷款问题。

12月11日,在深圳会见香港经济司翟克诚一行,就电价和安全等问题进行协商。

1984 年

1月29日,在深圳参加"深圳技术经济与管理现代化研讨会",向公众介绍广东核电站。

2月,出席德国核电设备供应商对广东核电筹建办的访谈。

2月16日,委托核工业部协助谈判购买广东核电站使用的核燃料。

2月25日,出席大型核电成套设备领导小组第6次例会,会议研究关于广东核电站同外商谈判进度、关于核岛的技术引进谈判、关于核电技术引进的项目建议书等问题。

4月9日,随国务院副总理李鹏在深圳新园宾馆会见并宴请香港中华电力公司董事长嘉道理勋爵一行。

4月11日至17日,中国核学会第二次全国代表大会在北京举行。会议期间被选为中国核学会第二届理事会副理事长。

4月13日,水电部确定参加广东核电站合营公司董事会中方成员名单,担任董事长。

4月16日,核能动力学会正式成立,被聘任为理事长。

5月,成立中共广东核电站合营公司临时委员会,任党委书记,到11月。

5月,在深圳蛇口接待美国依巴斯科副总裁。

5月7日,中共水电部党组发出[84]水电党字第74号《关于广东核电站合营公司领导干部任职的通知》,兼任广东核电站合营公司总经理。

6月16日,随李鹏副总理会见法国FRA总裁莱尼。

6月19日,出席由李鹏主持的核电领导小组会议,研究广东核电站合营合同问题,汇报香港煤电电价和广东核电电价的预测情况。

6月28日,与石威廉(港核投董事长)在深圳核电大厦就合营合同北京预审会意见进行会谈,讨论转售电价与香港煤电价格的比较、煤电价格计算公式、转售电量与售电保证4个主要问题。

7月17日,成立广东核电站三大合同谈判指导小组,任组长。

8月4日,参加国务院大型核电成套设备领导小组工作例会,汇报广东核电站的工作进展情况。

11月1日,随李鹏副总理接见法、英外交大使,法国大使和英国大使向李鹏递交两国政府共同拟定的关于广东核电站的备忘录。

12月6日上午,与广核筹建办的潘燕生等人和中国银行的王德衍等就广东核电站的贷款问题进行会谈。

12月7日,向国务院核电领导小组书面汇报广东核电站筹建工作,提交《广东核电站筹建工作汇报提纲》,在合营合同谈判、三大承包合同谈判、前期工程、国家审批和安全审查准备等方面的进展做了总结性的汇报。

12月31日,参加由李鹏副总理在深圳市迎宾馆主持召开的国务院核电领导小组扩大会议。

1985 年

1月,出席在人民大会堂召开的广东核电合营有限公司合营合同在京签字仪式。

2月,调离广东核电。

因《核潜艇的研究设计》获《国家科技进步特等奖》,为第一主要完成人,荣获《国家科技进步特等奖证书》。

4 月 22 日至 28 日,中国核学会核能动力学会第一次年会在无锡召开,作为理事长主持大会,并做《关于我国核能近期发展情况》报告。

6 月 30 日,在《核动力工程》1985 年第 3 期发表《核能在我国能源中的地位》一文。

10 月,在《工业设备与原料》1985 年第 4 期发表《我国核能的展望》一文。

11 月 30 日,在北京参加核能动力学会第 7 次常务理事会扩大会议。

1986 年

3 月,国务院第九十七次常务会议决定核电站的建设任务由水电部转核工业部负责。

3 月 17 日,正式任命为核工业部科技委第二主任,副部长级。

4 月,被调到核工业部任副部长兼总工程师、科技委第二主任,负责秦山二期的筹建。

5 月 19 日,陪同李鹏副总理视察广东核电站施工现场。

9 月 8 至 12 日,在上海参加第二届核能动力学会学术年会,代表核能动力学会作年度工作报告。

10 月 22 日,在海丰县参加"彭湃诞辰九十周年纪念大会"并讲话。

1987 年

1 月 26 日,参加李鹏主持召开的大亚湾核电站工程审查会,研究审查大亚湾核电站工程设计问题。

2 月 28 日,率领国务院核电办、核工业部和水电部的专家组到合营公司帮助工作,就合同谈判、投资控制等问题提出意见。

7 月 28 日至 30 日,在北戴河参加核能动力学会常务理事扩大会议。作为理事长和常务副理事长戴传曾主持会议,并在会上作了重要讲话。

8 月 7 日,参加大亚湾核电站主体工程开工典礼,8 日,与核工业部部长蒋心雄等听取合营公司工作汇报。

9 月,撰写论文《中国核电发展的现状与展望》(英文)发表于 Proceedings of

the SixthP13NC①。

10 月,当选中国共产党第十三届代表大会代表。

12 月 4 日至 5 日,在浙江省海盐县参加秦山二期工程筹资会议上被宣布为秦山二期工程董事会董事长。

12 月 8 日,向核工业部蒋心雄部长等领导提交《关于秦山二期工程筹资问题》的报告。

被英国 1987 年出版的《WHO'S WHO》收录。

1988 年

1 月,核电秦山联营公司董事会成立,任董事长,至 1992 年 9 月。期间,积极推行董事会制度,首次把招投标机制引入核电工程建设。

4 月,核工业部撤销,其原有职能划入新建的能源部。

9 月,中国核工业总公司成立,任科技顾问。

10 月 16 日,获国防科工委为表彰各兵种优秀总设计师颁发的《为国防科技事业做出突出贡献的荣誉奖》。

11 月 1 日至 6 日,在深圳参加中国核学会核能动力学会第三届年会。

1989 年

1 月 2 日,撰写论文《中国核能的现状和展望》发表于《核科学与工程》1989 年第 1 期。

3 月 2 日,撰写论文《为促进我国核电事业的发展而努力》发表于《核动力工程》1989 年第 1 期。

8 月,进行 60 万千瓦压水堆核电站的主参数计算和投资估算,提出同等因子概念与汇率风险的关系。

8 月 8 日,参加国务委员、核电领导小组组长邹家华主持召开的办公会议,听取合营公司董事长王全国关于大亚湾核电站建设情况和发展核电的几点建议的汇报,并研究发展核电的有关政策和技术路线问题。

---

① 第六届太平洋沿岸地区核能会议论文集。

8月,参加中国核学会核能动力学会第二次工作会议,被选为第二届理事会理事长。

9月,给国务院总理李鹏写信,提出"以我为主,中外合作",及自主设计、建造2台60万千瓦机组的方案。

1990年

1月20日,出席中国核学会以"迎接九十年代,推动核科技进步"为主题的迎春茶话会。

3月2日,在《核动力工程》1990年第一期上发表《纪念〈核动力工程〉创刊十周年》一文。

4月14日,陪同李鹏总理及夫人朱琳、国务委员邹家华、国务院秘书长何椿霖等一行视察秦山核电二期工程建设工地。

7月10日至19日,率代表团对日本核电进行考察访问。

7月26日,向蒋心雄总经理并总公司党组提交《中国核工业总公司核电代表团访日考察报告》。

12月5日至9日,中国核学会第三届理事会第一次会议召开,与王大中、吕敏、周平、黄齐陶被选举为副理事长。

1992年

6月,任核工业总公司科技顾问。

11月,在北京京西宾馆参加秦山核电二期工程初步设计审查会。

12月18日,中国核学会核能动力学会在华能公司召开了扩大常务理事会,作为理事长和潘燕生副理事长共同主持会议,就当时的核电形势作了较详细的发言,并着重介绍了发展AP—600型核电站的前景。

1993年

3月,当选第八届全国人民代表大会常务委员会委员以及第八届全国人大环境与资源保护委员会委员。

5月1日,论文《2×600 MW压水堆核电厂的上网电价计算与分析》发表于《核动力工程》1993 年第 2 期。

1994 年

5 月,当选为中国工程院首批院士。

7 月,出席大亚湾核电站建成投产新闻发布会和招待会。

1995 年

2 月,著《核能工业经济分析与评价基础》一书由原子能出版社出版。

5 月,被聘请为北京理工大学第一届董事会副董事长,任期四年。

1996 年

10 月 17 日,获何梁何利基金科学技术进步奖。

10 月 22 日,出席"彭湃同志诞辰 100 周年纪念活动"并讲话。

12 月 15 日,与陈书云合写《我国沿海地区急需加快发展核电》发表于《核经济研究》1996 年第 6 期。

1997 年

8 月 28 日,论文《核能是能源可持续发展的希望》发表于《世界科技研究与发展》1997 年第 4 期。

11 月,论文《中国"巨鲸"人民智慧的结晶》发表于《现代舰船》1997 第 11 期。

1998 年

1 月 17 日,与陈书云合写《核能——高科技产业的前景(上)》发表于《科学学与科学技术管理》1998 年 1 期。

2 月 17 日,与陈书云合写《核能——高科技产业的前景(下)》发表于《科学学与科学技术管理》1998 年第 2 期。

3 月 17 日,在莫斯科化工学院学习经历被认定为等同于硕士学位。

12 月 15 日,被中国广东核电集团科技聘为高级顾问委员。

1999 年

7 月,中国核工业总公司因业务分工,分别成立中国核工业集团公司、中国核工业建设集团公司,任中国核工业集团公司科技顾问。

到青岛核潜艇基地指导工作,与工作人员共同解决第一代核潜艇的遗留问题和改装问题十多个。

到秦山二期考察工程质量和进度问题。

2000 年

4 月,出席第五次全国核学会会员代表大会,与汪德熙一起被选举为荣誉理事长。

6 月,赴成都核动力院参观原 909 基地、成都热工水力实验室。

9 月,参观原子能研究院,了解快堆建设进展情况及空间堆的试验情况。

10 月,赴青岛参加并主持核潜艇应急注射系统、排污系统、补给水系统的改进工作,确定改进方案。

11 月,赴青岛参加核废元件运输方案讨论会,确定运输方案。

2002 年

6 月 25 日至 28 日,中国核学会核能动力学会理事会换届暨学术交流年会在广西南宁市召开,作为第三届理事会理事长主持了换届大会,并在大会上被授予为名誉理事长。参加随后召开的第四届理事会第一次代表会议。

2005 年

11 月 18 日,在钓鱼台国宾馆 10 号楼的一层大会议室内召开了庆祝其从事科技工作 48 年暨 80 寿辰座谈会,总装备部、国防科工委、中国工程院、海军司令部及中核集团公司、中核建设集团公司、中广核集团公司、中国船舶重工集团公司等单位的代表 40 余人参加座谈。中国工程院院长徐匡迪写来贺信。

11 月,被授予中国工程院资深院士。

2006 年

4 月 28 日，出席为秦山核电二期 3、4 号机组扩建开工庆祝活动。

12 月 18 日，受云浮市政府邀请与原中广核集团党委书记安清明顾问一起到云浮考察。赴郁南、云安候选厂址踏勘，对该市两个候选厂址各方面条件予以肯定，并给云浮核电项目建设提出了建议。安清明作诗一首。

2008 年

8 月 13 日，到三门核电站现场考察工作。

2010 年

7 月 25 日，参加在丰顺县八乡山镇滩下庄屋坪举行的中国工农红军第十一军成立 80 周年纪念活动。

2011 年

9 月 7 日，中国网对其进行采访，并制作《彭士禄院士与中国核事业》的访谈录。

10 月，彭士禄学术成长资料采集工程项目启动。

2012 年

3 月，为国防科工委《军工记忆》录制视频。采访组负责人袁和平赋诗一首。

4 月 12 日，叶剑英元帅诞辰 115 周年，赴梅州缅怀叶帅。

10 月，在北京住院，接受采集小组访问。

2013 年

截止该传记出版，因病一直在北京住院。

附录二
彭士禄主要论著目录

［1］彭士禄. 核能在我国能源中的地位[J]. 核动力工程,1985(3).

［2］彭士禄. 中国核电发展的现状与展望（英文 present status and prospects of nuclear power development in China）, Proceedings of the SixthePBNC [C]. 第六届亚太核能会议文集,1987.

［3］彭士禄. 为促进我国核电事业发展而努力[J]. 核动力工程,1989(1).

［4］彭士禄. 1993. 2×600 MW 压水堆核电厂上网电价计算与分析[J]. 核动力工程,1993.

［5］彭士禄,李坤眉等. 核能工业经济分析与评价基础[M]. 北京:原子能出版社,1995.

［6］彭士禄. 我国沿海地区继续发展核电[J]. 核电经济研究,1996.

［7］彭士禄. 核能是能源可持续发展的希望[J]. 世界科技研究与发展,1997.

［8］彭士禄. 核能——高科技产业的前景[J]. 科学学与科学技术管理,1998.

［9］彭士禄. 我国能源的展望[J]. 工业设备与原料,1985(4).

［10］关于广东核电站经济效益的汇报提纲. 1984 年 12 月,供内部参考.

［11］秦山 2×600 MW 核电站主要经济指标预测. 1986 年 3 月,供内部

参考。

[12] 以我为主,中外合作,开发 60 万千瓦核电机组. 1988 年 10 月在中国核
能动力学会第三届年会上的报告。

[13]《反应堆热工水力计算》. 1963 年中国科技大学教材.

备注:由于保密的原因,这里无法更多展示彭士禄院士的主要科学论著,亦
无法更多地描述他对中国核事业的卓越贡献。

附录三
重要采集成果列表

序号	资料名称	资料类型	资料载体	资 料 介 绍	资料出处
1	中国科技大学颁发给彭士禄的副教授聘书	证书、证件类	数字化	1963 年 1 月 18 日中国科技大学校长郭沫若签署的聘书,聘请彭士禄先生为中国科技大学近代物理系副教授	彭士禄家属提供
2	中国工程院院士证书	证书、证件类	数字化	彭士禄于 1994 年 5 月选聘为中国工程院首批院士。证书编号:(1994)0071	彭士禄家属提供
3	军官身份证(技术中校)	证书、证件类	数字化	1964 年 6 月 19 日,彭士禄被授予中校军衔。证书编号:强师字第00011 号;职务:副总工程师,任命时间:1964 年 1 月 18 日;命令编号:政科令字第 003 号;军衔:技术中校,授予时间:1964 年 4 月 8 日,命令编号:院衔字第 113 号。该证书为彭士禄仅有的军官证明资料	彭士禄家属提供
4	国外留学学历证明书	证书、证件类	数字化	1998 年 3 月 17 日莫斯科化工机械学院颁发此证明书,证明彭士禄于1956 年 6 月 7 日毕业时取得的莫斯科化工机械学院的优秀化工机械师证书(证书编号:NN087860;RN3212)并成功完成所有课程,因此被欧洲地区承认为工程科学专业硕士学位(翻译)	彭士禄家属提供
5	莫斯科化工机械学院结业证书	证书、证件类	数字化	1951 年至 1955 年在喀山化工机械学院学习,1955 年至 1956 年 6 月 7 日在莫斯科化工机械学院学习的结业证书	彭士禄家属提供

(续表)

序号	资料名称	资料类型	资料载体	资料介绍	资料出处
6	莫斯科动力学院结业证书	证书、证件类	数字化	1956年至1958年在莫斯科动力学院进修核动力专业的结业证书	彭士禄家属提供
7	何梁何利科学与技术进步奖证书	证书、证件类	数字化	1996年10月17日获何梁何利科学与技术进步奖	彭士禄家属提供
8	全国科学大会奖状	证书、证件类	数字化	1978年3月作为在我国科学技术工作中做出重大贡献的先进工作者获此奖状	彭士禄家属提供
9	核电站建设工作记录	手稿类	实物原件	1986年3月至1996年10月期间记录有2×900Mwe核电站和2×600Mwe核电站建设有关设备、技术、人员、造价、投资、造价、厂房、材料、谈判、上网电价等的计算信息	彭士禄家属提供
10	国防科学技术工业委员会颁发的荣誉奖状	证书类	数字化	1988年10月16日彭士禄在担任0九核潜艇总设计师工作中,为国防科技事业做出突出贡献,特发此状,予以表彰	彭士禄家属提供
11	大亚湾、秦山核电站厂址、造价计算记录	手稿类	实物原件	1980年至1985年期间记录有大亚湾、秦山核电站厂址、造价等经济计算数据	彭士禄家属提供
12	核电站压水堆动力装置、核电站主参数计算	手稿类	实物原件	1974年2月21日开始记录的核电站压水堆动力装置、核电站主参数计算	彭士禄家属提供
13	热工水力计算	手稿类	实物原件	1963年11月30日开始记录的热工水力计算笔记。也是采集到的比较早的手稿	彭士禄家属提供
14	热工计算讲义	手稿类	实物原件	系统梳理热工计算体系,本讲义作为中国科技大学和原子能研究所反应堆理论计算的讲义。1961年至1963年期间记录	彭士禄家属提供
15	热工动态讲义	手稿类	实物原件	反应堆热工计算(内有附件很重要)	彭士禄家属提供
16	美国超临界水冷堆的概念设计与研究	手稿类	实物原件	包括总体设计、参数、反应堆压力容器设计、堆芯和燃料组件设计,反应堆冷却系统、安全壳等内容。论证SCWR的可行性。用稿纸记录	彭士禄家属提供
17	秦山二期工程2×600Mwe核电厂上网电价计算与分析	手稿类	实物原件	详细列出秦山二期工程2×600Mwe核电厂上网电价计算与分析过程,并给出几点意见。共28页为最原始手稿。1992年4月30日启笔,1992年5月6日交稿	彭士禄家属提供

（续表）

序号	资料名称	资料类型	资料载体	资料介绍	资料出处
18	SCWR 计算笔记 6 件	手稿类	实物原件	1984 年开始记录直到 2008 年,为 SCWR 学习和计算笔记	彭士禄家属提供
19	2×300Mwe 核电厂,2×600Mwe,2×1000Mwe,AP-600 的主参数计算,经济计算笔记共 19 件	手稿类	实物原件	1991 年至 1994 年期间记录核电站建设多个方案的参数计算和经济计算过程	彭士禄家属提供
20	核电站元件设计方案	手稿类	实物原件	记录有共 5 套方案,并指出方案 5 作为可取的方案,并计算主参数、活页共 6 页	彭士禄家属提供
21	彭士禄参加中国科技大学 1962 年秋兼职教师座谈会发言记录	档案类	数字化	1962 年 9 月 10 日技术物理系兼职教员座谈会记录,彭士禄就核动力专业课程设置提出意见和建议	中国科技大学档案馆
22	业务往来手稿	档案类	复制件	1989 年 2 月 2 日罗亦仁,彭士禄业务往来手稿	中国核工业总公司人事处
23	关于彭士禄同志任职的通知,核字字 083 号	档案类	复制件	任核工业部科技委第二主任	中国核工业总公司人事处
24	中国核工业总公司核电代表团访日考察报告,核总办[1990]85 号	档案类	复制件	访日考察报告,代表团成员名单	中国核工业总公司人事处
25	关于彭士禄同志的工作调动问题,核党字 21 号	档案类	复制件	国务院第九十七次常务会议建议调彭士禄同志到核工业部工作,任核工业部科技委主任或总工程师职务(副部长级)	中国核工业总公司人事处
26	中国工程院院士当选通知,中工函 002 号	档案类	复制件	中国核工业总公司 5 名同志 1994 年 5 月当选院士	中国核工业总公司人事处
27	聘任函中广核科函[1998]06 号	档案类	复制件	中国广东核电集团科技委聘任彭士禄为委员	中国核工业总公司人事处
28	关于秦山二期工程筹资问题	档案类	复制件	给辖部长等领导的秦山二期筹资报告,包括经济预测等信息	中国核工业总公司人事处

序号	资料名称	资料类型	资料载体	资料介绍	资料出处
29	参加革命前后履历（1939年8月至1986年3月）	档案类	复制件	1939年8月至1986年3月履历，详细记录了彭士禄参加革命和工作前后所在的单位以及任职情况	中国核工业总公司人事处
30	俄文原版图书，共计36册	其他实物类	实物原件	彭士禄院士留苏归国后购买的俄文原版图书，当时国内有关核反应堆方面的图书很少，所以显得尤其珍贵，具有很高的历史价值和史料价值。部分书首页签有彭士禄院士的中文和英文名字，以及日期	彭士禄家属提供
31	九一八试验	照片类	数字化	1985年中秋节在小平岛"九·一八"试验，左三为彭士禄	彭士禄家属提供
32	看望聂荣臻	照片类	数字化	1981年1月15日看望聂荣臻，前右为彭士禄，后左为马淑英	彭士禄家属提供
33	视察鱼雷研究所	照片类	数字化	1976年，彭士禄视察鱼雷研究所，右二为彭士禄；右三为聂力	彭士禄家属提供
34	中国第一代核潜艇几位总设计师合影	照片类	数字化	1988年，彭士禄与中国第一代核潜艇其他几位总设计师在一起，左二彭士禄；核潜艇专家黄旭华（右一）；赵仁恺（左一）；黄纬禄（右二）。我国核潜艇胜利完成水下发射运载火箭后的合影	彭士禄家属提供
35	陪同国务院副总理李鹏视察大亚湾核电站工地	照片类	数字化	1984年4月10日同陪同国务院副总理李鹏视察大亚湾核电站工地，左二彭士禄；右二李鹏	彭士禄家属提供
36	幼年被捕时的彭士禄	照片类	数字化	彭士禄工作为著名革命烈士澎湃同志的孩子，8岁即经受国民党铁窗之苦，图为他被捕时的照片	彭士禄家属提供
37	俄罗斯留学时期系列照片	照片类	数字化	彭士禄院士在苏联留学时期拍摄的合影照片，包括他在喀山化工机械学院、莫斯科化工机械学院、莫斯科动力学院等不同的阶段。有和中国留学生的合影，也有和外国留学生的合影	彭士禄家属提供
38	彭士禄口述（2010-10-11）	视频类	数字化	该视频资料为延安精神研究会于2010年10月11日录制，彭士禄院士在此次采访过程中详细回忆了幼年经历。彭士禄院士现在由于早年事已高已不能系统回忆早年事宜，所以该视频资料对于彭院士早期经历的记载显得非常重要	彭士禄家属提供
39	彭士禄学习经历访谈	视频类	数字化	该视频资料是采集小组2012年10月17日在协和医院住院处录制的，由于彭士禄院士身体原因，视频录制的全程由其女儿彭洁女士陪同。彭士禄院士8月分前从ICU病房出来，该视频资料展现了老一辈革命家坚毅的精神面貌	采集小组提供

（续表）

序号	资料名称	资料类型	资料载体	资 料 介 绍	资料出处
40	彭士禄给邹家华的信（广东海丰核电建设有关问题）	档案类	目录	1985 年 7 月 1 日，彭士禄写给邹家华关于广东海丰核电建设有关问题的信。档案内容涉密	采集小组提供
41	关于核电秦山联营公司董事彭士禄（副部级）出访西德、法国、英国的请示	档案类	目录	档案内容涉密	采集小组提供
42	关于拟派核电秦山联营公司董事长彭士禄访日的请示	档案类	目录	档案内容涉密	采集小组提供
43	彭士禄会见国米加列先生的谈话	档案类	目录	档案内容涉密	采集小组提供
44	彭士禄会见 NPI 时的讲话	档案类	目录	档案内容涉密	采集小组提供
45	关于聘任彭士禄等同志为顾问委员	档案类	目录	档案内容涉密	采集小组提供
46	中国核动力之源（画）	其他实物类	实物原件	图画为参与过核潜艇研制工作的赵国玺老师创作，上有核潜艇研究过程中相关人物的亲笔签名	彭士禄家属提供
47	垦荒牛模型	其他实物类	实物原件	彭士禄参加广东大亚湾核电站建设工作，工人送给他一个垦荒牛雕塑。是彭院士的三件宝之一。彭院士属牛，所以之后总有人送给他送牛型雕塑。采集小组收集到的是其中的一个	彭士禄家属提供
48	工作所用的工具	其他实物类	实物原件	包括放大镜、计算器、转换器、转换尺、文具盒。这四件实物均为彭士禄院士用过的工具	彭士禄家属提供
49	赠书	其他实物类	实物原件	夏力、陈铭铭等人赠予彭士禄院士的三件宝上的书籍	彭士禄家属提供
50	彭院士三件宝照片	照片类	数字化	多个角度记录彭士禄院士的三件宝贝、核船模型、垦荒牛模型、核潜艇首航磨盘	彭士禄家属提供

参考文献

[1]《东江纵队志》编辑委员会. 东江纵队志——纪念东江纵队成立 60 周年[M]. 北京:解放军出版社,2003.

[2]具有"延安精神的人"[J]. 高等教育未来与发展,1988 年增刊(总第十二期).

[3]刘彤矢. 圣地幼苗[M]. 北京:教育科学出版社,1990.

[4]张健志. 倚天仗剑看世界——现代高技术战争和导弹核武器[M]. 北京:中国青年出版社,1998.

[5]谢光. 当代中国的国防科技事业(第十章　导弹核潜艇)[M]. 北京:当代中国出版社,1992.

[6]张延飞,黄士龙. 21 世纪潜艇发展. 1992.

[7]原子潜艇. 中国人民解放军海字二三〇部队内部资料,1973 年 1 月.

[8]夏银山. 国外核潜艇安全运行经验. 中国人民解放军海军装备技术部舰艇部中国船舶工业总司第七研究院第七一四所.

[9]林贵清. 广东核电大事记第一集(1979—1994)[M]. 北京:原子能出版社,2006.

[10]刘华清军事文选(上卷)[M]. 北京:解放军出版社,2008.

[11]汤紫德. 核电在中国[M]. 南京:江苏人民出版社,2007.

[12]师秋朗,刘桅. 彭士禄和新中国第一代核潜艇. 心向延安——延安自然科学院校友足迹点点,1990 年 10 月.

[13]中国大三线报告文学丛书编委会. 蘑菇云作证[M]. 成都:四川人民出版社,1993.

[14]全国政协文史和学习委员会. 新中国往事——军事天地[M]. 北京:中国文史出版社,2011.

[15]柏霖. 访彭湃之子——杰出的核动力专家彭士禄院士[J]. 传记文学,1995(3).

[16]黄榕. 吃百家饭的孩子[M]. 成都:四川少年儿童出版社,1999.

［17］彭子强. 奇鲸神龙——中国核潜艇研制纪实［M］. 北京:中共中央党校出版社,1999.

［18］彭士禄,赵仁恺. 回顾与展望——新中国的国防科技工业［M］. 北京:国防工业出版社.

［19］许玉庆. 海丰英烈(第一辑),1986.

［20］余志华. 超验人生　心系中华——当代科学家的爱情故事［M］. 成都:四川科学技术出版社,1994.

［21］广东核电高层管理文件汇集(第 8 卷). //昝云龙广东核电文稿选编(1983—2002)［M］. 北京:原子能出版社,2003.

［22］汕尾市政协文史资料委员会编.《汕尾文史》(第十二辑). 2002 年 12 月.

［23］彭士禄. Present Status and Prospects of Nuclear Power Development in China. 第六届太平洋沿岸地区核能会议论文集,1987 年 9 月.

［24］彭士禄. 2×600 MW 压水堆核电厂的上网电价计算与分析［J］. 核动力工程, 1993,14(2).

［25］彭士禄. 核能在我国能源中的地位［J］. 核动力工程,1985,6(3).

［26］彭士禄. 为促进我国核电事业的发展而努力［J］. 核动力工程,1989,10(1).

［27］彭士禄. 中国巨鲸——人民智慧的结晶［J］. 现代舰船,1997(11).

［28］彭士禄. 我国核电的展望［J］. 工业设备与原料(核工业专辑),1985,6(4).

［29］彭士禄. 严谨而慈祥的伟人［J］. 文艺双月刊,1988.

［30］郭勇. 彭士禄与核动力［J］. 研究与应用,1995(12).

［31］杨小武. 人生壮志天地间——记我国第一任核潜艇总设计师彭士禄［J］. 新华月报,2007(1).

［32］牛光昇. 风雨人生彭士禄［J］. 新华文摘,1997(4).

［33］舒德骑. 一个传奇人物和他传奇的事业［J］. 国防科技工业,2000(6).

［34］东式毅. 在研制核潜艇的日日夜夜里［J］. 现代舰船,1994(103).

［35］蒋华. 彭士禄与中国核潜艇［J］. 舰船知识,2007(333).

［36］李照煦,卫广刚. 展望第四代核能系统之一:超临界水冷堆——专访彭士禄院士［J］. 中国核电,2009,2(4).

［37］蒋建科. 彭士禄——激情燃烧的核动力人生［N］. 人民日报,2011-12-22.

［38］张欣. 彭士禄:没有"以我为主"的苦哪来二期扩建的甜［J］. 中国核工业,2006(5).

［39］丁锡平. "核潜艇,一万年也要搞出来"——访我国第一艘核潜艇总设计师彭士禄、副总设计师赵仁凯［J］. 中国核工业,1999(5).

［40］金方. 天书和事业——记我国核动力专家彭士禄［J］. 工业技术,1988(9).

［41］祖慰,林普凯. 彭士禄的超验现象［N］. 人民日报,1987-9-20.

［42］舒德骑,李芳春. 中国核潜艇之谜［N］. 解放日报,1992-5-10.

［43］彭士禄. 核电厂单机容量宜选 600 兆瓦［J］. 时代周刊:1996.

［44］彭士禄在深圳核科展开幕时招待记者［N］. 大公报,1984-3-13.

后　记

彭士禄生于广东省,年幼时颠沛流离;11 岁随祖母去香港读两年小学;16 岁来到延安读高中;21 岁开始在天津、大连、哈尔滨等地辗转求学;27 岁到莫斯科留学;33 岁回国开始核动力研究工作,先后在北京、四川、武汉、大连、广东、浙江等地从事核潜艇研究和核电站建设工作。

"彭士禄院士学术成长资料采集工程"的资料采集和研究报告的撰写工作已近尾声,回想这一年多来发生的事情,心情久久不能平静!

2011 年 5 月采集工作伊始,采集小组就受到彭院士的夫人马淑英老师的理解和支持。马老师热情好客,对彭院士的生活、工作都非常了解,也负责照看着彭院士所有的"宝贝",这些宝贝包括彭院士的藏书、工作手稿和收藏品。遗憾的是,马老师的健康状况出现了恶化,并于 2011 年 10 月去世。2011 年底,彭院士本人身体状况欠佳,且年事已高,去广州休养。这期间,原项目负责人党跃臣同志也因病离世。导致刚刚开始的采集工作不得不暂时停顿。

2012 年 4 月,在中国科协和北京科协相关领导的支持和协调下,"彭士禄院士学术成长资料工程"采集小组补充了项目负责人和小组成员。新的采集小组干劲十足,在顺利联系上了彭院士之女彭洁老师之后,采集工作越来越顺利。彭洁老师对采集小组的每一个电话、每一次登门造访、每一个

E-mail 都耐心讲解和陪同。2012 年 6 月,本来采集小组都已订好车票去深圳探望和访谈彭院士,在获悉彭院士近期就要回京看病后,彭洁老师积极帮我们安排回京后的探视,使得采集小组人员能够在 2012 年 10 月顺利地对彭院士进行访谈。由于彭院士身体原因,访谈工作虽只进行了 1 个小时,但却留下了珍贵的资料。当时,彭院士 9 月底刚从 ICU 出来没几日,而且已近 87 岁高龄了,访谈时,彭院士始终微笑着,用他的乐观、刚毅和顽强精神打动着每一个人!

追随院士成长的足迹,采集小组的脚步也踏遍了大江南北。虽然偶尔会遇到困难和阻碍,但采集小组更多体会到的是资料采集过程中许多人和许多单位给予的帮助和支持。这里要感谢中国科技大学档案馆的两位丁老师、哈尔滨工业大学档案馆的马老师、大连理工大学档案馆的魏馆长、海丰档案馆黄老师、延安大学马校长、中核集团人事处的高老师和谭主任、中国核动力设计研究院的况老师,也要感谢接受我们访谈的崔广余研究员、黄士鉴总设计师、彭经文总设计师和孙荣兵处长。

虽然在项目开展初期遇到了一些困难,尤其是彭院士夫人马淑英女士的离世曾一度导致与院士的联系工作陷入僵局。采集小组设法获得了彭士禄院士女儿彭洁老师的联系方式,以此作为突破口,逐渐获得彭洁老师的理解和支持。后期,彭洁老师捐赠了大量彭士禄院士从事核动力研究时期的珍贵手稿,这无疑给采集小组巨大的鼓舞,在这里我们要向彭士禄院士和彭洁老师表达最真挚的谢意!

彭洁老师还积极帮我们联系外围访谈工作,甚至帮我们联系好一切。最重要的是,彭洁老师能够耐心地帮助我们梳理和考证彭院士的资料,对于采集小组的研究报告她都仔细批阅。她认真和负责任的态度,无时无刻不感染着采集小组的所有人员,同时激励着大家一定要做好采集工作,否则真就对不起彭院士和彭洁老师的理解和支持了!

每当遇到困难时,只要想起彭洁老师对采集工作的理解和支持,所有的不快就烟消云散了,也正是彭老的精神和彭洁老师的态度,督促着我们要竭尽全力完成本书的撰著,绝不辜负他们两位对采集工作的支持。

采集小组在资料辨识方面也遇到困难,院士年事已高并记忆力减退,加

图 后记-1　彭洁老师捐给采集小组的部分资料

上对其最了解的夫人刚刚过世,很多照片资料和史实的辨识工作很难开展。采集小组尽量从档案、报道等材料确定人物和事件的相关信息。这里要感谢黑龙江大学胡薇薇老师,帮助我们对院士在留苏期间获得的证书、课程和论文信息进行翻译。也要感谢北京理工大学出版社的廖宏欢提供给采集小组视频资料并对研究报告的撰写思路提出宝贵意见。该传记中涉及到的时间校对工作由彭洁老师完成、文字校对工作由北京理工大学图书馆的王馨和赵霞完成。

有了以上所有人的帮助和支持,采集小组才得以顺利地完成彭士禄院士学术成长资料的采集工作以及研究报告的撰写。

本书不是一本充满华丽词藻的文学传记,作者只是尽可能客观地陈述彭士禄院士的经历,并把彭士禄院士的资料线索提供给大家以便查证。感谢那些在资料采集过程中给予帮助的所有人! 由于作者水平所限,报告如有不恰当之处,敬请批评指正!

图 后记-2　家属捐赠的手稿和报纸

(图片说明：左图为家属捐赠的部分手稿；右图为家属捐赠的报纸，报道彭士禄领导核电站建设的新闻)

图 后记-3　家属捐赠的实物和图书

(图片说明：左图为家属捐赠的实物，彭士禄数据计算时用过的计算尺和计算器；右图为家属捐赠图书，多为彭士禄学术交流与交往赠书)